Wolf Richard Günzel

Lebensräume schaffen

Wolf Richard Günzel

Lebensräume schaffen

Wildtiere in Haus und Garten

pala verlag

Inhalt

Platz für Mensch und Tier

Seit jeher gehören Wildtiere zum Lebenskreis des Menschen. Sie folgten ihm, als er seine Siedlungen errichtete und die Landschaft, die ihn umgab, veränderte. Sie fanden Einlass im Dachstuhl seines Hauses, in Schuppen und Scheunen. Aber nicht alle waren »dankbare Untermieter«, denn es gab Arten, die die Nahrung aus den Gärten, Kornspeichern oder Vorratskammern stahlen. Deshalb war das Verhältnis des Menschen zu den Tieren, die seine Nähe suchten, nicht immer ungetrübt. Einige verehrte er als gute Hausgeister oder Glücksbringer. Vor anderen fürchtete er sich, manche schienen ihm hilfreich, wieder anderen drohte er mit Tod und Vertreibung, wenn ihm die eigene Existenz ernsthaft gefährdet schien. Mit seinen anfangs beschränkten Möglichkeiten war der Mensch aber kaum in der Lage, die Tiere gnadenlos aus seinem Umkreis zu vertreiben und so entstand bei allem zwiespältigen Denken letztlich auch eine Form von Vertrautheit: Das Tier gehörte zum lebendigen Inventar des Hauses und des Gartens und war daraus nicht wegzudenken.

Im letzten Jahrhundert, vor allem aber in den letzten Jahrzehnten, sind neue, moderne Wohnkomplexe oder Industrieanlagen wie Pilze aus dem Boden geschossen. Alte Häuser wurden auf den letzten Stand der Bautechnik gebracht, das Verkehrsnetz wurde immer dichter, große Landschaftsbereiche in Agrarland umgewandelt und auch die Gärten auf wenige Elemente reduziert. Wo der alte Obstgarten der grünen Rasenfläche weichen musste, sah man auch keinen Trauermantel oder Admiral mehr an den herabgefallenen Früchten saugen. Wo das letzte Einflugloch in einer alten Scheune zugenagelt wurde, gab es auch keine Wohnung für die Schleiereule mehr. Mit dem Fortschritt, der unsere Städte, aber auch viele ländliche Bereiche erfasste, ist oftmals auch eine lebensfeindliche Ordnung in unsere Gärten und Häuser eingezogen und viele Tiere zeigen uns unsere Fehler im Umgang mit der Natur auf eindringliche Weise: Sie werden selten. Glücklicherweise gibt es aber genügend Möglichkeiten, sie wieder in unsere Nähe zu locken. Viele von ihnen sind heute auf Ersatzwohnungen in unseren Häusern und Gärten angewiesen und ihre Ansiedlung ist gar nicht so schwer zu verwirklichen. Durch das Schaffen von Brutstätten, Verstecken und Winterquartieren bei einem ausreichenden Nahrungsangebot haben wir zudem die Gelegenheit, Wildtiere ganz aus der Nähe zu beobachten. Wir werden erkennen, dass jede Art ihre Bedeutung hat, die eine ohne die andere nicht existieren kann und schließlich zu einer positiven Einstellung gegenüber allen Lebewesen gelangen, die in Haus und Garten unsere Mitbewohner sind.

Unser Verhältnis zu Wildtieren

Wildtiere, die sich als Untermieter ins Haus einschlichen oder im Garten auf Nahrungssuche gingen, wurden vom Menschen seit jeher mit wenig Sympathie betrachtet. Eine für heutige Begriffe primitive Bauweise mit einfachen Materialien schaffte fast zwangsläufig in Häusern, Stallungen oder Scheunen genügend Einschlupf- und Einflugmöglichkeiten für Säugetiere oder Vögel, von den Insekten ganz zu schweigen. Im Garten, der meist an Wiesen oder Wälder grenzte, musste der Mensch erleben, wie Wildkaninchen, Rehe, Vögel und Mäuse ihm die Früchte seiner Arbeit stahlen. Mit hilflosem Zorn wurde er Zeuge, wie Füchse oder Marder sich an seinem Federvieh vergriffen, unscheinbare Kleintiere seine Ernte vernichteten, eingelagerte Lebensmittel ungenießbar machten oder die Maden der Holzwürmer sein mühsam erbautes Haus in »Sägemehl« verwandelten. In Unwissenheit über die Naturzusammenhänge begegnete der Mensch aber einigen Tierarten nicht nur mit Verbitterung, sondern auch mit blanker Furcht. Durch das Gebälk mittelalterlicher Häuser bohrten sich Pochkäfer oft in großen Scharen ihre Gänge. Wollten sich zwei paarungswillige Käfer näher kommen, orientierten sie sich dabei durch Klopfen mittels ihrer Kopfschilde. Befand sich ein Schwerkranker in einem solchen Haus, deutete man das Klopfen der Käfer als »Totenuhr«. Der Tod war gekommen und zählte die letzten Stunden des Schwerkranken ab. Auch in der nächtlichen Lebensweise des Waldkauzes sahen viele Menschen eine Verbindung mit Geistern, Gespenstern oder Hexen. Aus dem *»Kuwitt«*-Ruf des Weibchens wollte man ein »Komm mit« – auf den Friedhof – herausgehört haben.

Die Vertreibung der Wildtiere

Die Vertreibung vieler Wildtierarten aus der Nähe des Menschen war aber später nicht immer ein gezielter Prozess. Er vollzog sich schleichend und doch unaufhaltsam. Denn je bequemer und angenehmer sich der Mensch sein Leben einrichtete, umso unwirtlicher wurde es für die Tiere in unserer Nähe. Einige Tierarten verloren durch Baumaßnahmen von heute auf morgen ihre Wohnung. Anderen wurde es in unserer Umgebung zu laut oder zu mühsam, sich Nahrung zu beschaffen.

Man muss nicht einmal auf architektonische Exzesse in Form von Hochhausfassaden oder grauen Wohnzellen in Ballungszentren blicken, um zu erkennen, auf welche Weise sich unsere menschliche »Wohnkultur« in den letzten Jahrzehnten verwandelt hat. Isolierwände und -fenster halten selbst in lärmenden Großstädten den Krach und Gestank der Umwelt von uns fern und sorgen für angenehme Wärme in den Wintermonaten. Zum einen hat der Mensch somit seinen uralten Traum verwirklicht und sich in seinem Wohnbereich beinahe perfekt gegen eine ihm einst als bedrohlich erscheinende Umwelt abgeschottet. Zum anderen wird ihm jedoch bewusst, dass ihm in dieser Umgebung etwas fehlt. Selbst ganz banale Naturereignisse sind ihm fremd geworden: das Zwitschern der Vögel, das einst von draußen in seine Wohnung drang, oder der Anblick einer Florfliege, eines Tagpfauenauges oder eines Spinnennetzes vor dem Fenster.

Plädoyer für etwas weniger Ordnung

Weil wir in unserer modernen Umgebung die Natur plötzlich vermissen, erkennen wir vielleicht, dass wir ein Teil von ihr sind. Wir sehen die andere Seite von Modernisierung und Fortschritt, die oft in einem übertriebenen Ordnungssinn ihre Fortsetzung gefunden hat. Zu einem gepflegten Haus gehört ein gepflegter Garten. Und so, wie wir unsere Wohnung auf Hochglanz polieren, übertragen wir dieses Streben nach Ordnung und Sauberkeit auch auf die kleine Grünfläche vor unserer Tür. Unsere menschlichen Sinne sind darauf eingestellt, auch in der Natur zuerst das Schöne, Farbenfrohe und Faszinierende zu suchen. Deshalb handeln wir auch im Garten und in unserem äußeren Wohnbereich in diesem Sinne. Wir wünschen uns Schleiereulen unter dem Dach. Aber wir dulden ihre Beutetiere nicht und streuen Gift in jeden Winkel, wenn wir eine Maus entdecken. Wir lieben Schmetterlinge. Aber wir ekeln uns vor ihren Raupen. Wir fürchten uns vor Spinnen. Doch wir bewundern ihre tauglänzenden Netze. Schauen wir uns die Tiere, die uns Ekel oder Angst einflößen, einmal genauer an. Vielleicht erkennen wir, dass sie gar nicht abstoßend und Furcht erregend sind, dass uns nur unser erlerntes Ästhetikempfinden etwas vorgegaukelt hat und es an manchem unscheinbaren Kleingeschöpf eine Menge Interessantes, oft Bewundernswertes zu entdecken gibt. Nur wenn wir uns darauf besinnen, dass sich das Naturgefüge nicht nach unseren Vorstellungen gestalten lässt, werden einige Tierarten, die aus unserem Lebenskreis verschwunden sind, wieder in unseren Häusern oder Gärten Einzug halten. Hierzu bedarf es oft keiner großen Bemühungen, nur etwas Toleranz. Greifen wir nicht gleich zum Laubsauger, wenn ein paar Blätter von den Bäumen fallen. Dulden wir ein paar Brennnesselstauden am Gartenzaun; sie sind begehrte Futterpflanzen für die Raupen vieler attraktiver Falterarten. Lassen wir einen Reisighaufen in der Gartenecke liegen, wo er niemanden stört. Vielleicht wird er zum Winterquartier für einen Igel oder Salamander, einen Zitronenfalter oder Kleinen Fuchs, die uns im nächsten Frühling mit ihrem Anblick erfreuen.

Lebensräume rund ums Haus

Häuser, als moderne Lebensräume des Menschen, werden heute meist so gebaut, dass Tiere darin kein Wohnrecht haben. Unsere Häuser müssen nicht nur großräumig und komfortabel, sondern, den Erfordernissen der Zeit entsprechend, auch schalldicht und wärmedämmend sein. Das positive Bemühen um Energieeinsparung wird auch im privaten Baubereich überall sichtbar, und moderne Isoliertechniken ermöglichen es, selbst ein altes Haus entsprechend abzudichten. In einer Zeit, in der die Energieprobleme auf unserer Erde mit aller Deutlichkeit zutage treten, wäre es paradox das energiebewusste Handeln in unseren Wohnbereichen zu verdammen, nur weil dadurch viele Tiere bei ihrer Wohnungssuche abgewiesen werden. Andererseits wird aber erkennbar, dass ein übersteigertes Bemühen um Geräuschdämmung und Energieeinsparung auch für den Menschen seine Schattenseiten hat. Der mit Dämmstoffen isolierte Wohnbereich hält nicht nur Lärm und Kälte von uns fern. Die angenehme Wärme und perfekte Ruhe in unseren Wohnungen erzeugt im Menschen auch ein Gefühl von Isolation und Einsamkeit.

• Der nicht ausgebaute Dachboden

Ungenutzte Dachgiebel, in die Tiere Einlass finden, waren früher in vielen Häusern selbstverständlich. Fast unbemerkt fanden hier Amseln, Rotkehlchen, Meisen oder Zaunkönige Unterschlupfmöglichkeiten in strengen Wintern. Grauschnäppern, Hausrotschwänzen, Mauerseglern oder Hausspatzen diente der Dachboden als Brutplatz.

Vor allem durch den Ausbau von Dachböden haben wir viele Tierarten aus unseren Häusern vertrieben. Fledermäuse, Marder, Schleiereulen, Waldkäuze oder Steinkäuze fanden hier willkommene Ersatzwohnungen. Da sie kaum noch natürliche Felshöhlen oder alte Bäume mit Astlöchern fanden, zogen sie einst mit dem Menschen unter ein Dach. Besonders in ländlichen Gegenden wussten Bauern ihre Mitbewohner zu schätzen, weil sie Nager und Insekten dezimierten, und selbst der nicht überall beliebte Marder entpuppte sich bei ein wenig Toleranz und Weitsicht als begabter Mäuse- und Rattenjäger. Neben dem Marder gehörten auch Sieben- und Gartenschläfer zu jenen Säugetieren, die in den oberen Etagen von Bauernhäusern, Scheunen oder Stallgebäuden ihr Quartier bezogen. Die weitaus meisten Bewohner eines Dachbodens gehörten aber zur großen Schar der Insekten: Falter wie der Kleine Fuchs oder das Tagpfauenauge hängten sich an die rauen Holzbalken und durchlebten die kalte Jahreszeit in Winterstarre. Zu den Wintergästen auf dem Dachboden zählten auch die zarten Florfliegen, Hauswinkelspinnen oder verschiedene Marienkäferarten.

In den noch vorhandenen ungenutzten Dachräumen wurden später oft die Einlassmöglichkeiten für Tiere zugemauert oder verbrettert, weil das Tier als Hausgenosse nicht immer nur beliebt war und es Arten gibt, um die sich viele Vorurteile ranken. Heute, da man weiß, dass der Waldkauz auf dem Dachboden kein Totenvogel, sondern ausgesprochen liebenswert und nützlich ist, sollte man Tieren auf dem Dachboden wieder Einlass gewähren.

Tieren Einlass gewähren

Ein nicht genutzter Dachboden kann ein Leerraum oder ein Lebensraum für Tiere sein. Während in modernen Flachdachbungalows die meisten Tierarten ausgesperrt bleiben, bieten ihnen Häuser mit Dachgiebeln gute Einlassmöglichkeiten. Man muss es den Tieren nur erlauben, das Haus gemeinsam mit uns Menschen zu bewohnen. Eine Schließung oder Vermauerung von Giebelfenstern wird meist damit begründet, dass man verwilderte Tauben vom Dachboden fernhalten möchte. Dabei können versetzt angeordnete Holzlamellen vor der Fensteröffnung die Tauben aussperren und dennoch Fledermäusen, Kleinvögeln und Insekten Einlass gewähren.

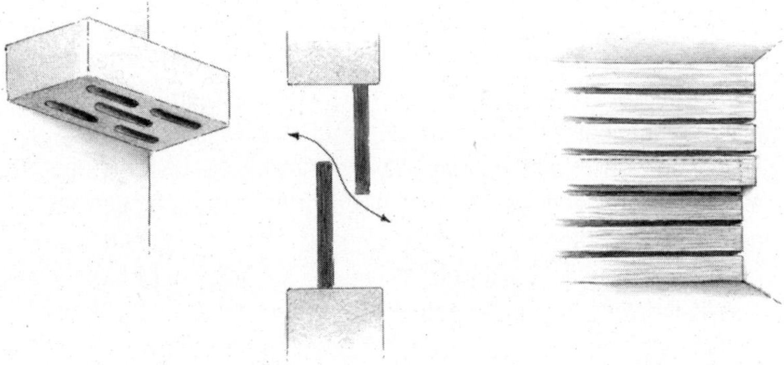

Versetzt angeordnete Bretter vor einer Öffnung ermöglichen Fledermäusen den Einlass in einen Dachboden. Hohlblocksteine sind ein geeignetes Winterquartier.

Auch mit dem Einbau eines grobmaschigen Drahtgitters lässt sich eine Zugangsmöglichkeit für bestimmte Tierarten erreichen, während man anderen den Eintritt verwehrt. Im Fachhandel werden so genannte Strangfalzziegel angeboten, die an geeigneter Stelle in die Hausfassade eingelassen werden. Sie bestehen aus Hohlräumen, in denen solitäre Wildbienen und andere Insekten einen Nistplatz finden. Zudem gibt es spezielle Lüftungsziegel mit Einschlupfmöglichkeiten für Insekten oder Fledermäuse.

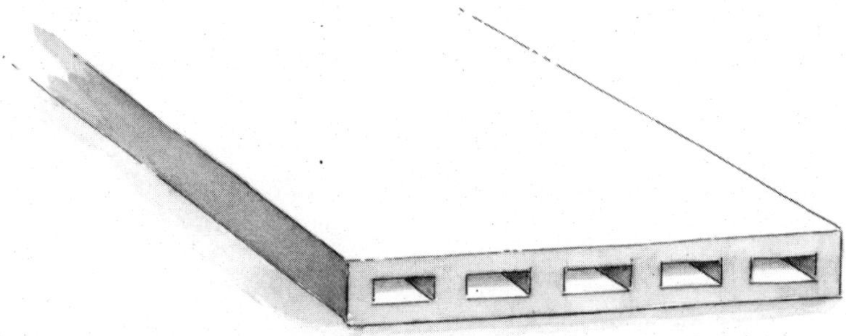

Hohlräume in Strangfalzziegeln sind begehrte Nistplätze für Wildbienen und andere Insekten.

Mauersegler erweisen sich an Häusern mit Giebeldächern als wahre Akrobaten. Sie zwängen sich durch kleinste Einlassschlitze, um auf dem Dachboden ihr Nest zu errichten. Doch meist suchen Mauersegler an den Außenfassaden im Dachbereich vergeblich nach Hohlräumen oder Nischen zum Bau ihrer Nester. Speziell für Mauersegler gibt es fertige Nisthilfen zu kaufen, die an der Fassade oder unter einem Dachvorsprung angebracht werden. Andere Modelle, so genannte Mauersegler-Beobachtungskästen, werden direkt in eine Giebelwand eingemauert. Mehlschwalben, die heute ihr natürliches Nistbaumaterial Lehm kaum noch finden, sind immer mehr auf künstliche Nisthilfen angewiesen. Man kann diesen nützlichen Glücksbringern helfen, indem man vorgefertigte Schwalbennester unter Dachvorsprüngen an der Außenfassade befestigt. Andere Kleinvogelarten brauchen für den An- und Abflug allerdings festen Boden unter den Füßen. Dabei kann ihnen ein vor dem Einflugloch angebrachtes Brett behilflich sein.

Unausgebaute Dachböden dienen mitunter auch einem ganzen Wespenstaat als Quartier, darunter die von uns gefürchteten Hornissen. Wenn wir ihnen ihre Wohnung auf dem Dachboden gönnen, werden sie uns kaum belästigen, sondern unsere Toleranz vielmehr belohnen, indem sie viele Schadinsekten im Garten dezimieren. Tiere, die auf einem Dachboden leben, schätzen neben der Trockenheit,

Wärme und Ungestörtheit vor allem auch das hier vorherrschende Naturmaterial Holz. Fledermäuse und Schmetterlinge finden an den rauen Balken Halt. Wespen oder Mauersegler errichten in der Balkenkonstruktion ihre Nester.

Der ganze Dachboden kann aber für Tiere unbewohnbar werden, wenn wir das Gebälk mit giftigen Holzschutzmitteln streichen. Auf solche chemischen Präparate reagieren vor allem Fledermäuse hochempfindlich.

Dachstuhlbewohner

Fledermäuse

Wenn jagende Fledermäuse am Abendhimmel über dem Garten auftauchen, verwirren sie uns durch ihren Zickzackflug. Scheinbar orientierungslos wechseln sie ständig die Flugrichtung und handeln dennoch nach einer raffinierten Jagdmethode, die in der Tierwelt ohne Beispiel ist. Fledermäuse stoßen in kurzen Abständen Rufe aus, die im Ultraschallbereich liegen und somit von uns Menschen nicht wahrgenommen werden können. Mit ihren großen Ohren empfangen sie dann die Echos, die von Objekten in ihrer Umgebung zurückgeworfen werden. Dieses System der Echolotpeilung funktioniert so präzise, dass die Fledermäuse alle für sie wichtigen Informationen über Entfernung, Richtung und Beschaffenheit eines Beutetieres oder Gegenstandes erhalten. Sie sind damit imstande, bei völliger Dunkelheit selbst dünnste Drähte zu orten und zu umfliegen. Doch nicht alle Beutetiere von Fledermäusen sind dieser raffinierten Jagdtechnik hilflos ausgeliefert. Einige Nachtfalterarten besitzen Hörmembrane, mit denen sie die Orientierungsrufe ihrer flatternden Fressfeinde wahrnehmen und dann blitzschnell die Flucht ergreifen, indem sie sich mit angelegten Flügeln einfach nach unten fallen lassen.

Viele Fledermausarten schnappen die Beute nicht sofort mit ihren spitzen Zähnen, sondern befördern sie mit den Flügeln akrobatisch in ihr Maul. Andere transportieren größere Opfer in ihrer beutelförmigen Schwanzflughaut zu einem geeigneten Platz, um sie in Ruhe zu verzehren.

Im Mai oder Juni bringen Fledermäuse ein bis zwei Junge zur Welt. Bei der Geburt gleitet das nackte, blinde Junge in die muldenartige Schwanzflughaut und klettert dann an der Mutter hoch, um Milch zu saugen. Auf Dachböden oder in Baumhöhlen ziehen Fledermausweibchen gesellig ihren Nachwuchs auf. In solchen »Wochenstuben« drängen sich die Jungfledermäuse verschiedener Würfe aneinander, wobei ein von der Jagd zurückkehrendes Weibchen an Geruch oder Stimme stets sein eigenes Junges erkennt.

Fledermäuse stammen ursprünglich aus tropischen Regionen. Nur 22 Arten konnten sich in unseren kühlen Breiten ansiedeln, und sie gehören fast ausnahmslos zu jenen Säugetieren, die in ihrer Existenz akut gefährdet sind. Herbizide und Pestizide haben viele ihrer Beutetiere ausgerottet. Felshöhlen und Höhlen in alten Bäumen, einst ihre natürlichen Quartiere, sind heute rar geworden. Die akrobatischen Flugsäuger sind aber bereit, neue, von uns geschaffene Quartiere anzunehmen. Mit Einlassmöglichkeiten in ungenutzte Dachböden, Fledermauskästen und -brettern an Hauswänden oder Bäumen im Garten kann den Ultraschalljägern in ihrer Wohnungsnot geholfen werden.

Braunes Langohr

Plecotus auritus

Wenn man ein Braunes Langohr während des Winterschlafes auf einem Dachboden oder am feuchten Mauerwerk eines alten Kellers entdeckt, sieht man ein kleines, daumenlanges Tier, das nicht nur seine Flughäute, sondern auch die transparenten, körperlangen Ohren zusammengeklappt hat. Aufgestellt würden die Riesenohren des Kleinsäugers zu viel kostbare Körperwärme verbrauchen. Im Zustand der Winterstarre hat sich der Stoffwechsel der Tiere auf ein Minimum reduziert. Ihre Körpertemperatur kann in Frostperioden auf minus 2 °C sinken, ihre Herzschlag- und Atemfrequenz hat sich drastisch reduziert, ihr Atem kann für längere Zeit sogar völlig aussetzen.

Wie alle Fledermausarten ist auch das Braune Langohr kein »Segelflieger«, weil seine Brustmuskulatur zu schwach entwickelt ist. Bei Einbruch der Dunkelheit sieht man die Tiere im langsamen Flatterflug über Gärten, Straßenlaternen oder Häusern, und mitunter »stehen« sie auch rüttelnd in der Luft, um Insekten oder Raupen von Sträuchern und Bäumen zu sammeln. Größere Beutetiere werden in der Luft erhascht und zu einem geeigneten Fressplatz gebracht. Wie die Zwergfledermaus benutzt auch das Braune Langohr gern Holzspalten oder Mauerritzen auf Dachböden als Sommerquartier. Im Winter bevorzugen die Langohren eher Schlafstellen in Höhlen oder alten Kellern bei geringen Plustemperaturen und hoher Luftfeuchtigkeit, damit ihre empfindlichen Flughäute während der Winterstarre nicht austrocknen.

Siebenpunkt-Marienkäfer

Coccinella septempunctata

Obwohl Käfer allgemein wegen ihrer Gefräßigkeit beim Gärtner wenig Sympathie genießen, sind die Marienkäfer eine Ausnahme. Mit etwa hundert Arten sind die hübschen gepunkteten Käfer, die sich in Körperfarbe und Musterung voneinander unterscheiden, in Mitteleuropa weit verbreitet. Am bekanntesten ist sicherlich der Siebenpunkt-Marienkäfer, der mit sieben schwarzen Punkten auf seinen glänzend roten Flügeldeckeln in unseren Gärten häufig anzutreffen ist. Da grelle Rotfarben auch im Tierreich eine Art Warnsignal sind, ist der Käfer hervorragend vor Fressfeinden geschützt. Für einen hungrigen Vogel etwa bedeutet dies: Vorsicht, ich schmecke scheußlich! Mich zu fressen, könnte dir schlecht bekommen!

Nicht ohne Grund empfahlen schon die mittelalterlichen Weinbauern die Marienkäfer dem besonderen Schutz der Muttergottes. Ein ausgewachsener Käfer vertilgt täglich etwa sechzig Blattläuse, seine Larve an die zwanzig. Genaue wissenschaftliche Untersuchungen haben gar ergeben, dass eine Marienkäferlarve während ihrer Entwicklung 3.100 Schildläuse verspeist. Dieser Appetit auf Schildläuse hatte schon 1890 dazu geführt, dass man eine australische Marienkäferart eigens nach Kalifornien einführte, um die bedrohte Zitrusernte zu retten, und inzwischen gibt es sogar Aufzuchtstationen für Marienkäfer, wo sich der von Pflanzenschädlingen geplagte Gärtner das kleine Raubinsekt und seine Larven bei Bedarf bestellen kann.

Marienkäfer überwintern in Kolonien unter loser Baumrinde oder Laubhaufen, auch unbeheizte Geräteschuppen oder Dachböden werden von ihnen zu Beginn der kühleren Jahreszeit gern aufgesucht.

• Begrünte Fassaden

Ein begrüntes Haus ist ein wohltuender Anblick und wirkt sich positiv auf seine Bewohner aus. Die grünen Kletterer, Schlinger und Ranker, die an der Hauswand in die Höhe wachsen, sind nicht nur eine lebendige Pflanzenwelt, sondern auch für die heimische Fauna von großem Interesse. Vor allem in städtischen Bereichen mit ihren sterilen Hausfassaden haben Kletterpflanzen eine besondere Bedeutung als Staubfilter und Verbesserer der kleinklimatischen Luftverhältnisse. Gleichzeitig finden hier Tiere ganz verschiedene Lebensräume, die für sie in den Stadtgebieten sonst immer knapper werden. Am Fuß der grünen Fassadenkletterer, wo Ameisen, Spinnen, Asseln, Ödlandschnecken oder Tausendfüßer leben, stellen sich Kleinsäuger wie Igel oder Spitzmäuse ein, die hier auf Nahrungssuche gehen. Blüten und Früchte von Kletterpflanzen bieten ein breites Nahrungsangebot für Bienen, Schmetterlinge oder Hummeln. Vögel ziehen unter dem schützenden Blätterdach von grünen Fassadenpflanzen ihre Jungen auf und finden gleichzeitig genügend Futtertiere wie Insekten oder Spinnen.

Dies ist nur ein kleiner Einblick in die lebendige Natur einer begrünten Hauswand. Eine einzige Kletterpflanze an der Fassade kann ein prächtiger Hausschmuck und gleichzeitig Geburtsort, Puppenwiege, Versteck, Nahrungsquelle oder Jagdrevier für unzählige Tiere sein.

Kletterpflanzen und ihre Bedeutung für Tiere

Waldrebe:	Nist- und Futterpflanze für Vögel; Bienenweide
Gemeiner Hopfen:	Futterpflanze für Schmetterlingsraupen (beispielsweise für Raupen von C-Falter, Hopfenspinner, Tagpfauenauge)
Kletterhortensie:	Nist- und Futterpflanze für Vögel; Insektenweide

Waldgeißblatt:	Futterpflanze für Schmetterlingsraupen (beispielsweise für Raupen von Braunem Bär, Hummelschwärmer, Kleinem Eisvogel)
Weinrebe:	Beeren sind im Herbst begehrte Vogelnahrung
Wilder Wein:	Früchte sind Nahrungsquelle für Bienen und Wespen
Kletterrosen:	Nistplätze für Vögel (die Dornen halten Katzen ab); Nektarpflanze für Bienen und Hummeln
Spalierobst:	Nektarquelle für Honigbienen, Wildbienen, Hummeln; im Herbst saugen Trauermantel, Admiral, Tagpfauenauge, C-Falter und Wespen an den herabgefallenen Früchten

Ein grüner Mantel für intakte Hausfassaden

Der üppige Blätter- und Blütenschmuck an einem fremden Haus wird oft bewundert. Doch wenn es um die eigene Hausfassade geht, ist man geneigt, die Möglichkeit einer Hausbegrünung gleich wieder durch eine Reihe von Vorurteilen und Bedenken in den Hintergrund zu drängen: Pflanzen mit Haftwurzeln, vor allem der Efeu, beschädigen das Mauerwerk. Der dichte Blattteppich lockt unerwünschte Kleintiere an, die ins Haus gelangen können, oder er macht die Wände feucht. Tatsächlich sind Efeu oder andere Selbstkletterer nicht die Verursacher von feuchten Hausfassaden. Sie ruinieren eine Hauswand auch nicht durch das Eindringen der Wurzeln. Man muss nur sehr genau prüfen, ob die Hausfassade, auf der sie wachsen sollen, intakt und trocken ist. Beschädigte Hauswände, an denen Dauerfeuchtigkeit und Risse erkennbar sind, eignen sich nicht zur Hausbegrünung. In einen Untergrund, wo die Wurzeln und Triebe selbstkletternder Pflanzen auf Dauerfeuchtigkeit und eingewehtes Erdreich in porösen Fugen stoßen, können solche Pflanzen eindringen und sich ausbreiten – der Verfall von Putz und Mauerwerk wird so noch beschleunigt.

Ein Wetterschutz für jede Jahreszeit

An einer intakten Hausfassade aber ist der Pflanzenteppich vergleichbar mit einem Wettermantel, der die Wand vor Feuchtigkeit schützt. Die übereinander wachsenden Blätter wirken wie Dachziegel, die den Regen ableiten, und im Bodenbereich des Hauses saugen die Wurzeln der Pflanzen das Wasser auf, so dass es nicht in die Grundmauern gelangen kann. In begrenztem Maße besitzen grüne Hausfassaden aber noch andere positive Eigenschaften. Sie wirken geräuschdämmend, dienen als Staubfilter, als Kälte- oder Wärmeschutz und verbessern durch ihre Wasserverdunstung das Klima unserer Umgebung.

Ein weiteres Vorurteil: Bloß keine Hausbegrünung, sonst kann man sich vor Ungeziefer nicht mehr retten!

Bei einer begrünten Hausfassade wird es sicher vorkommen, dass sich bei geöffnetem Fenster hin und wieder ein paar Kleintiere in unsere Wohnung verirren: eine Schwebfliege, eine Florfliege, eine Springspinne, ein Marienkäfer. Es sind harmlose Bewohner der Grünfassade, die sich leicht wieder ins Freie dirigieren lassen. Im Übrigen ist auch die begrünte Hauswand ein eigener Lebensraum, der nach den Gesetzen der Natur »funktioniert«. Wo sich eine Art vermehrt einstellt, bleiben auch jene Tierarten nicht aus, die dieser Art nach dem Leben trachten. Vor allem Vögel werden Insekten und Spinnentiere dezimieren, und schließlich dort, wo es genügend Nahrung auch für ihre Jungen gibt, ihr Nest errichten.

Welche Art der Hausbegrünung ist die Richtige?

Vor jeder Hausbegrünung sollte man sich einige Grundsatzfragen stellen:

- Wie ist die Bodenqualität vor der Hausfassade beschaffen?
- Sollen die Pflanzen an einer sonnenexponierten Seite des Hauses oder in einer schattigen oder halbschattigen Lage gedeihen?
- Werden die Pflanzen ausreichend mit Regenwasser versorgt?
- Wann soll gepflanzt werden – wann ist die richtige Zeit für welche Pflanze?
- Entscheide ich mich für eine attraktive Hausbegrünung mit Spalierobst?
- Möchte ich schnell oder langsam wachsende Pflanzen?
- Wähle ich immergrüne Pflanzen oder solche, die im Herbst ihr Laub abwerfen?
- Brauchen die Pflanzen eine Rankhilfe oder erklimmen sie von selbst die Hausfassade?

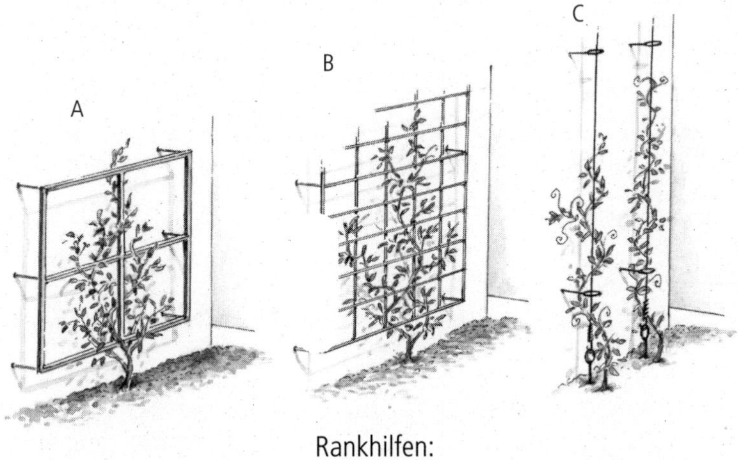

Rankhilfen:
Als Rankhilfen eignen sich Holzgitter (A) oder Metallgitter (B). Metallgitter aus leicht rostendem Material brauchen einen entsprechenden Anstrich zum Schutz vor Rost. Senkrecht an der Wand angebrachte Drähte können nachgeben und brauchen eine im Boden verdübelte oder einzementierte Spannvorrichtung (C).

Mehrjährige Kletterpflanzen für Hauswand, Garage, Pergola

Deutscher Name / Botanischer Name	Wuchshöhe	Standortbedingungen	Blütezeit (Monate)	Blütenfarbe	Kletterhilfe erforderlich
Anemonenwaldrebe *Clematis montana rubens*	3 – 8 m	sonnig bis halbschattig	V – VI	rosa	ja
Baumwürger *Celastrus orbiculatus*	8 – 12 m	halbschattig	VII – VIII	grün	ja
Blauregen *Wisteria sinensis*	6 – 12 m	sonnig bis halbschattig	V – VI	blauviolett	ja
Echter Wein *Vitis vinifera*	3 – 10 m	sonnig	V – VI	grüngelb	ja
Efeu *Hedera helix*	bis 25 m	halbschattig bis schattig; immergrüne Pflanze	VIII – I	grün	nein
Kletterbrombeere *Rubus henryi*	2 – 3 m	halbschattig bis schattig	VI – IX	rosa	ja
Kletterhortensie *Hydrangea anomala petiolaris*	6 – 10 m	sonnig bis halbschattig	VI – VII	weißgrün	ja bedingt

Deutscher Name / Botanischer Name	Wuchshöhe	Standortbedingungen	Blütezeit (Monate)	Blüten-farbe	Kletterhilfe erforderlich
Schlingknöterich *Polygonum aubertii*	bis 20 m	sonnig bis schattig	VII – X	weiß	ja
Passionsblume *Passiflora coerulea*	bis 4 m	sonnig	VII – X	gelbviolett	ja
Trompetenblume *Campsis radicans*	5 – 10 m	sonnig	VII – VIII	orangerot	ja
Waldgeißblatt *Lonicera periclymenum*	bis 5 m	sonnig bis halbschattig	VI – VIII	weißrosa	ja
Waldrebe *Clematis vitalba*	2 – 12 m	sonnig bis halbschattig	V – VI	weiß	ja
Wilder Wein *Parthenocissus tricuspidata*	bis 20 m	sonnig bis halbschattig	VI – VII	gelbgrün	nein
Winterjasmin *Jasminum nudiflorum*	bis 4 m	sonnig bis halbschattig	I – III	hellgelb	ja

Letztlich sollte man auch daran denken, dass eine begrünte Hausfassade in die Umgebung hineinwirkt. Ein Haus mit Blattschmuck fällt schon von weitem auf und hat eigentlich immer eine positive Wirkung auf den Betrachter. Aber nicht jeder Nachbar hat Verständnis, wenn der Herbstwind die herabgefallenen Blätter von den Fassadenpflanzen nebenan auf sein Grundstück weht. Wer jedoch einmal den Entschluss gefasst hat, sein Haus zu begrünen, sollte sich durch Bedenken gleich welcher Art nicht wieder davon abbringen lassen. Es gibt genügend gute Argumente für die grüne Hausfassade, und sie kann völlig unproblematisch sein, wenn man sich für die richtige Pflanzenart entscheidet.

Eine Bewohnerin der grünen Hausfassade: **Gartenkreuzspinne**

Araneus diadematus

Von Spinnen wird fast zwangsläufig erwartet, dass sie »spinnen« können. Aber in der Ordnung der Echten Spinnen, von der etwa 800 Arten in Mitteleuropa vorkommen, verstehen es die wenigsten Arten, das von uns als typisch angesehene Fangnetz zu weben. Die meisten Spinnen fristen ein Dasein als getarnte Lauerjäger, ziehen dabei allenfalls ein paar »Stolperfäden« oder streifen auf der Suche nach ihren Opfern weit umher.

Ganz anders, geradezu planvoll und präzise, geht die Gartenkreuzspinne Araneus diadematus *beim Beutefang zu Werke. In knapp einer Stunde webt sie in aller Herrgottsfrühe ein kleines Kunstwerk aus glitzernden Seidenfäden. Mit ihren Spinndrüsen im Hinterleib erzeugt die Spinne dabei ein Sekret, das, sobald sie es durch die winzigen Öffnungen ihrer Spinndrüsen am Hinterleib presst, zu hauchdünner, elastischer und dennoch stabiler Spinnseide wird. Der Durchmesser dieser Fäden beträgt 0,008 Millimeter – zehnmal dünner als Menschenhaar. Kopfüber hängt sich das Spinnenweibchen mit der charakteristischen Kreuzzeichnung am Rücken dann in die Mitte ihres Fanggewebes und lauert auf eine Beute. Dabei verlässt sie sich weniger auf ihre acht Augen als auf ihre sensiblen Sinnesorgane an den behaarten Füßen. Schon die Luftwellen, die ein anfliegendes Insekt erzeugt, werden damit registriert und jedes Zappeln im Netz gibt der Spinne Auskunft über Größe und Beschaffenheit des Opfers. Dieses wird von ihr kurzerhand gefesselt und in Sekun-*

denschnelle mit Spinnfäden zu einem handlichen, bewegungsunfähigen Paket verschnürt. Jetzt injiziert die Gartenkreuzspinne ihm über ihre Kieferklauen das lähmende Spinnengift. Gleichzeitig erbricht sie ein Ferment in ihr Opfer, das sein Inneres verflüssigt. Dadurch ist die Gartenkreuzspinne in der Lage, ihr Beutetier auszusaugen. Anders kann die Spinne ihre Nahrung nicht aufnehmen: Ihr Mund ist zu klein, um die Beute kauend zu verspeisen.

Im Spätsommer kommen die Spinnenmännchen auf Freiersfüßen daher und Spinnenfüße und feine Tast- und Geschmackshaare an deren Spitzen spielen jetzt wiederum eine wichtige Rolle. Sie entscheiden manchmal gar über Leben und Tod. Berührt das Männchen mit seinen Tasthaaren die Spinnfäden des Weibchens, so erkennt es, ob seine Auserwählte paarungswillig ist. Doch selbst mit ihrem Einverständnis bleibt jeder Annäherungsversuch für das viel kleinere Spinnenmännchen eine höchst riskante Sache. Es spinnt zunächst einen Verbindungsfaden zum Netz des Weibchens und beginnt in einem langwierigen Zeremoniell daran zu zupfen. Von ihrer Seite empfängt es gleichzeitig Zupfsignale, die zur Kopulation einladen. Aber auch die eigentliche Paarung ist kompliziert und im Naturgefüge ohne Beispiel. Das Männchen muss nämlich seinen Samen mit Hilfe seiner Kiefertaster in die Geschlechtsöffnung des Weibchens pressen – immer mit der Gefahr, von ihrem Giftbiss gelähmt und als Beutetier verspeist zu werden.

Im Herbst heftet das Spinnenweibchen einige aus Seidenfäden gesponnene Kokons an Pflanzenteile, um darin mehrere hundert Eier abzulegen. Danach ist es so erschöpft, dass es bald darauf stirbt. Nach mehreren Häutungen im Kokon schlüpfen im nächsten Frühjahr die winzigen Jungspinnen. Sie weben ein ziemlich wirres Gemeinschaftsnetz, in dem sie zusammen bis zu einer weiteren Häutung leben. Erst dann verstreuen sie sich in alle Himmelsrichtungen.

• Begrünte Dächer

Dächer zu begrünen ist keine neue Methode, sondern hat sich in kalten Regionen wie in Island, aber ebenso in Afrika, wo die Sonne oft unbarmherzig vom Himmel brennt, seit Jahrhunderten bewährt. Bei großer Hitze kühlt das Gründach. Bei extremer Kälte hält das Erdreich und die Pflanzendecke auf dem Dach die Innenwärme zurück. In unseren Regionen sind begrünte Dächer noch wenig verbreitet. Abgesehen von einigen sehr attraktiven Gründächern in Reihenhaussiedlungen, auf Verwaltungsgebäuden oder Krankenhäusern, verzichten die meisten Eigentümer von Privathäusern auf eine Dachbegrünung. Zum Teil scheuen sie die Kosten, andererseits spielen auch Vorurteile eine gewisse Rolle. Dabei lassen sich die Vorteile von Gründächern, vor allem in Großstädten, wo jede grüne Insel ein Gewinn ist, überhaupt nicht von der Hand weisen. Sie verbessern das Kleinklima, sind Staubfilter und Sauerstoffproduzenten. Sie speichern Regenwasser und befeuchten die Stadtluft.

Auf die Dachbegrünung von Wohnhäusern oder anderen größeren Gebäuden soll hier aber nicht weiter eingegangen werden. Solche Projekte in Eigenregie und ohne spezielle Erfahrungen durchzuführen, ist nicht ratsam. Dafür bieten heute Spezialfirmen ihre Dienste an; auch ein Statiker sollte hinzugezogen werden, der über die Belastbarkeit eines Daches Auskunft geben kann. Kleinere Dachflächen dagegen kann auch der Laie selbst begrünen. Gedacht ist dabei an Flachdächer oder Dächer mit geringem Neigungswinkel auf Garagen oder Schuppen. Grundvoraussetzung ist auch bei dieser einfachsten Art einer nachträglichen Dachbegrünung die Konstruktion und ausreichende Stabilität des Daches. Ein etwa zehn Zentimeter hohes Substratgemisch für die Bepflanzung ergibt eine Dachbelastung von etwa 180 Kilogramm pro Quadratmeter. Hinzu kommen andere Materialien, die beim Dachaufbau verwendet werden, sowie die Pflanzendecke. An Regentagen oder bei starkem Schneefall erhöht sich die Dachlast noch einmal beträchtlich und kann nicht jedem Altdach zugemutet werden. In Zweifelsfällen sollte man deshalb besser einen Statiker oder Zimmermann fragen, bevor man mit der Dachbegrünung beginnt.

Pflanzen und Tiere – Überleben und Zusammenleben

Der Erdboden auf dem Dach dient den Pflanzen, die dort leben, als Raum, den sie mit ihren Wurzeln erobern müssen sowie als Nährstoff- und Wasserspeicher. Die Welt auf dem Dach ist eine Welt für grüne Hungerkünstler und Pionierpflanzen, die sich gegen Wetterextreme behaupten können und müssen. Viele können überhaupt nur existieren, weil sie mit ihrem Blattwerk und ihren Stängeln die Verdunstung minimieren und so auch noch in der größten Hitze aufrecht stehen. Andere haben dicke, fleischige Blätter, in denen sie das Wasser speichern. Auch wenn man die Dachbegrünung fachkundig anlegt, wird sie sich nicht automatisch in eine blühende Landschaft verwandeln. Selbst eine hohe Substrataufschüttung als Pflanzgrundlage bedeutet noch keine Wachstumsgarantie. Einige Erstbesiedler werden sich an ihrem Extremstandort halten können. In heißen, trockenen Sommern oder eisigen Wintern kommt es für andere aber zur üblichen Selektion, die überall in der Natur zu beobachten ist: Die Pflanzen verdursten oder erfrieren. Wer sich mit den Pflanzen auf dem Dach näher befasst, wird allmählich erkennen, welche Arten auf dem Dach gedeihen. Mit diesen Erkenntnissen lässt sich dann das Pflanzenspektrum auf dem Dach durch Nachpflanzen erweitern.

Das natürliche Vorbild für begrünte Dächer sind Trockenrasen, Steinmauern, Wegränder oder Kiesgruben, aber auch Schuttplätze, auf denen die Natur oft mit erstaunlicher Vielfalt wieder Einzug hält. Mit den Pflanzen auf dem Dach stellt sich eine große Anzahl von Kleintieren ein, untereinander und mit den Pflanzen verbunden durch unzählige Wechselwirkungen und Beziehungen.

Viele Tiere, die sich mit den Pflanzen auf dem Dach ansiedeln, werden wir aber überhaupt nicht bemerken. In Nischen, in denen sich feuchtigkeitsliebende Moose ansiedeln können, werden auch Asseln, Käfer, Springschwänze oder Tausendfüßer zu finden sein. Heideschnecken und Schließmundschnecken, die weniger auf Feuchtigkeit angewiesen sind, können zum tierischen Inventar des begrünten Daches gehören, aber auch Ameisen und Weberknechte, Vögel oder Heuschrecken. Wo sich Gräser wie Zittergras oder Blaugras angesiedelt haben, finden die Raupen von Dickkopffaltern eine Nahrungsquelle. Sukkulenten wie Weiße Fetthenne oder Dachwurz sind

Nahrungspflanzen für Wildbienen oder die Raupen des Apollofalters. Krautige Pflanzen wie Färberkamille, Wiesenflockenblume oder Natternkopf sind Nektar- und Pollenspender für Schachbrettfalter, Wildbienen und Hummeln. Von ihren Samen ernähren sich Vögel, sie sind Futterpflanzen für Schmetterlingsraupen wie Flockenblumen-Scheckenfalter oder Skabiosen-Fleckenfalter.

Dach und Dachabdichtung müssen intakt sein

Grundvoraussetzung für die nachträgliche Begrünung eines Flachdaches ist eine stabile Dachkonstruktion und eine intakte Dachabdichtung. Darüber hinaus muss die geplante Dachbegrünung einen Rahmen haben, ähnlich wie ein Sandkasten, der seinen Inhalt eingrenzt. Dafür eignen sich stabile Bretter oder Balken am besten. Zum Imprägnieren des Holzes verwendet man eine ungiftige Wetterlasur. Ist man davon überzeugt, dass die Dachabdichtung dauerhaft und solide ist, kann man auf eine zusätzliche Abdichtungsfolie verzichten.

Auf dem Dach wird jetzt eine so genannte Wurzelschutzfolie verlegt. Darauf kommt eine Dränmatte aus Polyamid oder eine Drän-

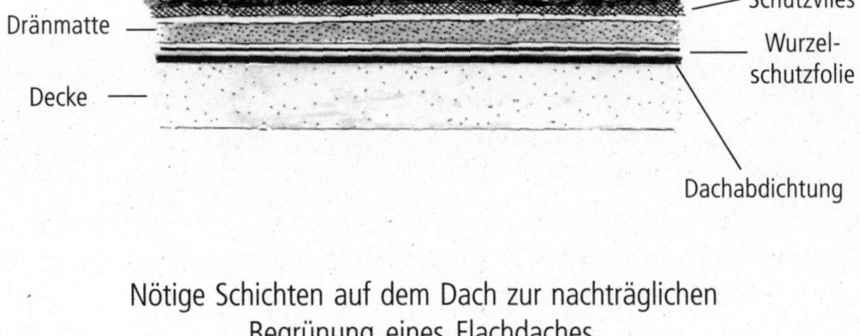

Nötige Schichten auf dem Dach zur nachträglichen Begrünung eines Flachdaches.

schicht aus verschiedenen Materialien, die im Fachhandel angeboten werden. Unter der Dränmatte oder Dränschicht, die beispielsweise aus Granulaten wie Schaumlava besteht, kann noch ein Dränrohr eingelassen werden. Dränschicht und Dränrohr haben die Aufgabe, überschüssiges Regenwasser aufzunehmen und gegebenenfalls abzuleiten. Es muss unbedingt darauf geachtet werden, dass sich Wasser auf dem Dach nicht anstauen, sondern in eine Regenrinne oder Ähnliches ablaufen kann. Über die Dränschicht wird jetzt noch ein Schutzvlies gelegt. Nun folgt die eigentliche Vegetationsschicht. Hierfür eignen sich Mischungen aus Normalerde, Sand, Kies, Lava, Blähton, aber auch Schlacke und Ziegelsplitt. Solche Mischungen können überschüssiges Wasser schnell ableiten und andererseits gebundene Wassermengen lange speichern. Die Schichtdicke wird wiederum von der Tragfähigkeit des Daches und unserer Vorstellung von der Bepflanzung bestimmt. Auf einer nur etwa fünf Zentimeter hohen Pflanzgrundlage können bereits Arten wie Dachwurz, Krusten-Steinbrech oder Mauerpfeffer gedeihen, bei einer Schichtdicke bis zu zehn Zentimeter auch höherwüchsige Arten wie der blaublütige Natternkopf, Färberkamille, Rundblättrige Glockenblume oder Karthäusernelke, Ochsenauge oder Bergaster, aber auch viele Grasarten wie Rotes Straußgras, Erdsegge, Schafschwingel oder Zittergras. Allerdings darf man seine Erwartungen an Gedeih und Wachstum nicht zu hoch ansetzen. Die Pflanzen auf unserem Flachdach sind schließlich Überlebenskünstler, die sich an einem Extremstandort gegen eisige Temperaturen, Hitze und Trockenheit behaupten müssen.

Wie kommen die Tiere auf unseren Dachgarten?

Für Vögel, Schmetterlinge, Bienen, Hummeln, Faltenwespen oder andere Fluginsekten ist dies natürlich kein Problem. Mit der Pflanzgrundlage haben wir aber in Form von Eiern, Larven oder unentdeckt gebliebenen Vollkerfen (erwachsenen Insekten) noch viele andere Kleintiere auf das Dach gebracht: Käfer, Heuschrecken, Schnecken, Spinnen, Regenwürmer, Asseln, Ameisen, Tausendfüßer, Blattläuse, Milben oder Ähnliche. Für sie und andere Tiere, die noch auf

Wildpflanzen für die Dachbegrünung: Sonniger Standort

Deutscher Name / Botanischer Name	Blütezeit (Monate)	Blütenfarbe	Wuchshöhe	Bedeutung für Tiere
Alpendistel *Carduus defloratus*	V – VIII	rosarot	bis 80 cm	Nektar und Pollen für Hummeln, Schmetterlinge; Samen: begehrte Vogelnahrung
Alpensonnenröschen *Helianthemum alpestre*	VI – VIII	gelb	5 – 10 cm	Nektar und Pollen für Schmetterlinge, Wildbienen
Arnika *Arnica montana*	VII – VIII	gelb	bis 60 cm	Nektar und Pollen für Fliegen, Schmetterlinge, Wildbienen
Bergaster *Aster amellus*	VIII – X	lila	bis 50 cm	Nektarblume für Schmetterlinge; Samen: begehrte Vogelnahrung
Bergklee *Trifolium montanum*	V – VII	weiß	20 – 40 cm	Nektar und Pollen für Hummeln, Schmetterlinge, Wildbienen
Bergkronwicke *Coronilla coronata*	VI – VII	gelb	30 – 50 cm	Nektar und Pollen für Hummeln, Schmetterlinge, Wildbienen

Deutscher Name / Botanischer Name	Blütezeit (Monate)	Blütenfarbe	Wuchshöhe	Bedeutung für Tiere
Deutscher Enzian *Gentiana germanica*	V - X	violett	5 - 10 cm	Nektar und Pollen für Hummeln, Schmetterlinge, Wildbienen
Echtes Eisenkraut *Verbena officinalis*	VII – IX	lila	bis 80 cm	Nektar und Pollen für Hummeln, Wildbienen
Färberkamille *Anthemis tinctoria*	VI – IX	gelb	20 – 50 cm	Nektar und Pollen für Wespen, Wildbienen, Käfer, Schwebfliegen; Samen: begehrte Nahrung für Goldammer und Hänflinge
Felsensteinkraut *Alyssum saxatile*	IV – V	gelb	bis 40 cm	Nektar und Pollen für Schmetterlinge, Käfer, Fliegen
Frühlingsadonisröschen *Adonis vernalis*	IV – V	gelb	bis 40 cm	Nektar und Pollen für Schmetterlinge, Käfer, Fliegen
Frühlingsküchenschelle *Pulsatilla vernalis*	IV – VI	violett	10 – 30 cm	im Frühling begehrte Nahrungsquelle für Hummeln, Schmetterlinge, Wildbienen

Deutscher Name / Botanischer Name	Blütezeit (Monate)	Blütenfarbe	Wuchshöhe	Bedeutung für Tiere
Gefleckte Flockenblume *Centaurea maculosa*	VI – IX	violett	bis 120 cm	Nektar und Pollen für Hummeln, Schmetterlinge, Wildbienen
Gelber Alpenmohn *Papaver rhaeticum*	VII – VIII	gelb	5 –15 cm	Nektar und Pollen für Fliegen, Schmetterlinge, Wildbienen
Gewöhnliche Grasnelke *Armeria maritima*	VI – VIII	karmin	bis 40 cm	Nektar und Pollen für Wespen, Schmetterlinge, Schwebfliegen; Futterpflanze für Schmetterlingsraupen
Gewöhnliche Kugelblume *Globularia punctata*	V – VI	violett	5 – 30 cm	Nektar und Pollen für Hummeln, Schmetterlinge, Wildbienen
Gewöhnlicher Teufelsabbiss *Succisa pratensis*	VII – IX	lila	bis 80 cm	Nektar und Pollen für Schmetterlinge, Fliegen, Käfer
Gewöhnlicher Wundklee *Anthyllis vulneraria*	V – VIII	gelborange	bis 60 cm	Nektar für Hummeln und Wildbienen; Raupenfutterpflanze für Widderchen- und Bläulingsarten

Deutscher Name / Botanischer Name	Blütezeit (Monate)	Blütenfarbe	Wuchshöhe	Bedeutung für Tiere
Goldaster *Aster linosyris*	VII – X	goldgelb	20 – 40 cm	Nektar und Pollen für Schwebfliegen, Wespen, Käfer; Samen begehrt von Distelfinken
Hundsveilchen *Viola canina*	V – VI	blauviolett	5 – 40 cm	frühsommerliche Nektarquelle für Schmetterlinge, Wildbienen, Hummeln; Raupenfutterpflanze für Perlmutterfalter
Karthäusernelke *Dianthus carthusianorum*	V – IX	rosarot	bis 50 cm	die Nektarquelle am Grund der Kelchröhre erreichen nur Insekten mit langem Rüssel
Kleiner Wiesenknopf *Sanguisorba minor*	V – VIII	rot	30 – 60 cm	Nektarblume für Schmetterlinge
Knäuelglockenblume *Campanula glomerata*	VI – IX	blau	20 – 40 cm	Nektarblume für Hummeln, Schmetterlinge, Wildbienen
Knollenkümmel *Bunium bulbocastanum*	VI – VII	weiß	40 – 60 cm	Nektar und Pollen für Wildbienen, Fliegen, Käfer

Deutscher Name / Botanischer Name	Blütezeit (Monate)	Blütenfarbe	Wuchshöhe	Bedeutung für Tiere
Kugelige Teufelskralle *Phyteuma orbiculare*	V – VII	blau	10 – 30 cm	Nektarblume für Hummeln, Schmetterlinge, Wildbienen
Mauerlattich *Mycelis muralis*	VII – VIII	gelb	bis 80 cm	Blütenbestäuber sind vor allem Fliegen und Bienen
Natternkopf *Echium vulgare*	V – VIII	blau	40 – 80 cm	Nektar und Pollen für Hummeln, Dickkopffalter, Wildbienen; Samen begehrt von Distelfinken
Sandthymian *Thymus serpyllum*	V – X	rosa	5 – 10 cm	Nektar und Pollen für Honigbiene, Wildbienen, Käfer; Raupenfutterpflanze vor allem für Bläulingsarten
Platterbsenwicke *Vicia lathyroides*	IV – VI	violett	5 – 20 cm	Nektarblume für Hummeln, Schmetterlinge, Wildbienen
Silberdistel *Carlina acaulis*	VII – IX	gelb	bis 50 cm	Nektar und Raupenfutterpflanze für Distelfalter; Samen begehrt von Distelfinken

Deutscher Name / Botanischer Name	Blütezeit (Monate)	Blütenfarbe	Wuchshöhe	Bedeutung für Tiere
Steintäschel *Aethionema saxatile*	V – VI	rosa	5 – 20 cm	Nektar und Pollen für Schmetterlinge, Käfer
Stängelloses Leimkraut *Silene acaulis*	VII – VIII	rosa	bis 4 cm	Nektar und Pollen für Käfer, Schmetterlinge, Schwebfliegen
Waldehrenpreis *Veronica officinalis*	VI – VIII	blau	10 – 30 cm	Nektarblume für Wildbienen
Wiesenbocksbart *Tragopogon pratensis*	V – VIII	gelb	30 – 60 cm	Nektar und Pollen für Wildbienen, Wespen, Käfer; Samen begehrt von Distelfinken, Grünfinken, Sperlingen
Wiesenflockenblume *Centaurea jacea*	VI – X	violett	bis 80 cm	Nektar und Pollen für Hummeln, Schmetterlinge, Wildbienen
Wiesenglockenblume *Campanula patula*	V – VII	blau	20 – 50 cm	Nektar und Pollen für Hummeln, Wildbienen, Schwebfliegen
Wiesen-Lein *Linum catharticum*	VI – VII	weiß	10 – 30 cm	Nektarquelle für Wildbienen

vielen anderen Wegen aufs Dach gelangen können, gilt das Gleiche wie für die Pflanzen. Jene Arten, denen der neu geschaffene Lebensraum Dach behagt, deren Ansprüche der Lebensraum also erfüllt, werden sich ansiedeln und vermehren. Andere werden das Dach verlassen, weitere Arten werden sich hier oben langsam einfinden. Wir werden beobachten können, wie sich das Tier- und Pflanzenleben auf dem Dach entwickelt, und neue Erkenntnisse werden uns wahrscheinlich dazu veranlassen, durch gezielte Nachpflanzung den Lebensraum Dach für uns und seine Bewohner noch attraktiver zu machen. Das ist allemal spannender und interessanter als ein Blick auf Dachpappe, Wellblech oder hässliche Bitumenplatten.

Ein Bewohner grüner Dächer: **Gewöhnlicher Grashüpfer**

Chorthippus parallelus

Der Gewöhnliche Grashüpfer ist wie alle Heuschrecken ein »mechanischer« Sänger. Seine Zirptöne produziert er mit feinen »Sägekämmen« an der Innenseite seiner kräftigen Sprungbeine, indem er sie in schneller Folge über eine vorstehende Kante an den Flügeldecken führt. Die wechselwarmen Tiere sind besonders an heißen trockenen Sommertagen zum Musizieren aufgelegt. Dann ist ihr unermüdliches Konzert auf Wiesen, Feldwegen und an Waldrändern zu hören. Beim Gewöhnlichen Grashüpfer beherrschen beide Geschlechter die Stridulationstechnik (wissenschaftliche Bezeichnung für den Heuschreckengesang). Obwohl sich das Zirpen von Kurzfühlerschrecken, zu denen der Gewöhnliche Grashüpfer zählt, für unsere Begriffe ziemlich monoton anhört, kann es wenigstens fünf verschiedene Lautäußerungen enthalten, die einer bestimmten Situation entsprechen. Paarungswillige Weibchen oder andere Artgenossen nehmen die Botschaft auf, und zwar mit einem speziellen Hörorgan, das sich an einer ungewöhnlichen Stelle befindet. Während bei Langfühlerheuschrecken wie dem Grünen Heupferd die »Ohren« direkt unter

dem Kniegelenk sitzen, hören Kurzfühlerheuschrecken beidseitig mit Organen am ersten Hinterleibsegment. Da sich der Gewöhnliche Grashüpfer von verschiedenen Gräsern ernährt und eine Vorliebe für trockene, sonnige Wiesen zeigt, wird man ihn auch auf entsprechend angelegten Gründächern finden.

• Grüne Terrassen und Balkone

Terrassen und Balkone bilden den Übergang zur Wohnung. Reich bepflanzt werden sie auch mitten in einer Großstadt zum Miniaturlebensraum, zum erweiterten Wohnzimmer im Grünen. Die Palette der Möglichkeiten reicht dabei von bepflanzten Blumenkästen am Balkongeländer über Pflanzkästen mit Küchenkräutern oder Wildblumen, bis hin zu Laubgehölzen, die in Kübeln untergebracht sind, oder einer kompletten Fassadenbegrünung. Der fließende Übergang vom Wohnbereich zur Natur schafft nicht nur Behaglichkeit, sondern ist auch für die Tierwelt ein Gewinn. Zugleich hat man die Möglichkeit, das Kleintierleben im Terrassen- oder Balkongarten aus nächster Nähe zu beobachten.

Tummelplätze für Insekten

Florfliegen oder Marienkäfer zeigen sich als eifrige Blattlausvertilger. Schwebfliegen und Spinnen stellen sich ein. Schmetterlinge und Bienen suchen bestimmte Pflanzen, an denen sie Blütennektar saugen können. Dies sind vor allem Wildblumen, Gewürz- und Heilkräuter, aber auch einige althergebrachte Blumensorten wie Ringelblume, Herbstastern oder Sonnenblume. Der Lavendel ist eine ausgezeichnete Lockpflanze für Zitronenfalter, Kohlweißling, Kleinen Fuchs, Distelfalter, Widderchen, Bläulinge und Bienen. Majoran und Oregano zieht den Braunen Waldvogel und viele andere Schmetterlingsarten an. Honigbienen mögen Salbei und die Zitronenmelisse. Eine besondere Anziehungskraft für Schmetterlinge und andere nektarsuchende Insekten hat der Sommer- oder Schmetterlingsflieder Buddleia. Der Strauch kann in einem größeren Bottich auf dem Balkongarten wachsen und muss nicht oft gegossen werden. Er braucht aber einen sonnigen Standort. Vom Duft des Sommerflieders werden Tagpfauenaugen, C-Falter, Kohlweißlinge, Admirale, Distelfalter, Kleine Füchse, Hummeln, Bienen und viele andere Arten oft aus großer Entfernung angelockt.

Im Gegensatz zur Fassadenbegrünung des Hauses verwendet man für die Begrünung von Terrassen und Balkonen in der Regel Kübelpflanzen. Es geht meist auch nicht darum, eine ganze Wand mit Kletterpflanzen zu »verkleiden«, sondern um die Begrünung von Teilbereichen: von Mauervorsprüngen, Stützbalken, Betonpfosten oder Vordachkonstruktionen. Hierfür bieten sich vor allem schnell wachsende einjährige Pflanzen wie Prunkwinde, Glockenrebe oder Schwarzäugige Susanne an, für die nur eine leichte Kletterhilfe aus Drahtgeflecht oder Bambusstäben erforderlich ist.

Pflanzgefäße

Fast jedes Gefäß lässt sich bepflanzen. Es muss nur darauf geachtet werden, dass das Wasser ablaufen kann. Viele Gefäße besitzen schon Ablauflöcher im Boden, bei anderen müssen sie noch gebohrt werden. Bei schweren Steinbottichen oder Metallgefäßen, die sich nicht ohne weiteres durchbohren lassen, sollte man wenigstens den Boden mit einer etwa fünf Zentimeter hohen Dränschicht aus Blähtonkügelchen oder Tonscherben bedecken, um Staunässe zu vermeiden. Für die Bepflanzung mit winterharten Pflanzen sind schwach gebrannte Tongefäße ungeeignet, weil sie starken Frösten nicht standhalten.

Erdmischung für die Bepflanzung

Gute Erde für Balkon- und Terrassenpflanzen ist krümelig, locker und humos. Diese Erde kann ausreichend Nährstoffe und Wasser speichern und genügend Luft durch ihre Bodenporen aufnehmen. Wer einen Komposthaufen besitzt, kann sich solche Erde selber mischen. Sie besteht zu je einem Drittel aus Komposterde, Rindenhumus, feinem Sand oder kleinen Flöckchen aus Styropor-Recyclingmaterial.

Schmetterlinge fliegen nicht auf alles

Wer sich an blühenden Pflanzen auf Balkon und Terrasse und gleichzeitig an Schmetterlingen und anderen Insekten erfreuen will, sollte bei der Bepflanzung einiges beachten. Schmetterlinge halten sich an Blumenarten mit ungefüllten Blüten, weil sie mit ihren haarförmigen Rüsseln meist nur bei ungefüllten Blüten an den begehrten Nektar gelangen. So können Blumenkästen oder andere Gefäße auf Balkon

Einjährige Kletterpflanzen für Balkone, Terrassen, Innenhöfe

Deutscher Name / Botanischer Name	Wuchshöhe	Standortbedingungen	Blütezeit (Monate)	Blütenfarbe	Kletterhilfe erforderlich
Asarine *Asarina barclaiana*	2 – 3 m	sonnig	VI – X	purpur	ja
Duftwicke *Lathyrus odoratus*	bis 2 m	sonnig	VI – IX	verschieden	ja
Feuerbohne *Phaseolus coccineus*	bis 4 m	sonnig bis halbschattig	VI – IX	orange	ja
Flaschenkürbis *Lagenaria siceraria*	3 – 6 m	sonnig	VI – IX	weiß	ja
Glockenrebe *Cobaea scandens*	bis 4 m	sonnig	V – VI	blauviolett	ja
Kapuzinerkresse *Tropaeolum peregrinum*	1 – 3 m	sonnig bis halbschattig	VI – X	verschieden	ja

Deutscher Name / Botanischer Name	Wuchshöhe	Standortbedingungen	Blütezeit (Monate)	Blütenfarbe	Kletterhilfe erforderlich
Prunkwinde *Ipomoea tricolor*	bis 3 m	sonnig	VII – X	violett, weiß, verschieden	ja
Schönranke *Eccremocarpus scaber*	2 – 4 m	sonnig	VII – VIII	orange	ja
Schwarzäugige Susanne *Thunbergia alata*	bis 2 m	sonnig	VII – X	orange	ja
Sternwinde *Quamoclit lobata*	bis 2,50 m	sonnig	VII – IX	verschieden, orange bis gelblich weiß	ja
Trichterwinde *Ipomoea purpurea*	bis 3 m	sonnig	VI – IX	blaurot	ja
Zierkürbis *Cucurbita pepo*	bis 5 m	sonnig	VII – IX	gelb	ja

oder Terrasse zu einer kleinen Nektarweide für Falter werden, wenn man sie mit Arten wie Lavendel, Blaukissen, Fetthenne, Felsensteinkraut, Aster oder Dahlie bepflanzt.

Oder wollen Sie lieber Bienen beim Sammeln von Nektar beobachten? Dann sollten Sie besser Glockenblumen oder Löwenmäulchen aussäen. Allerdings wird sich daran nicht jede Bienenart bedienen. Bienen sind aufgrund ihrer von Art zu Art unterschiedlich langen Rüssel nämlich ausgesprochene Individualisten. Auf Korbblütlern wie Löwenzahn findet man daher im Frühjahr die Arten mit kurzen Rüsseln, während sich Bienenarten mit längeren Rüsseln an andere Nahrungsquellen halten.

Die »Wildblumenwiese« auf Terrasse oder Balkon

Um Schmetterlinge, Bienen, Schwebfliegen, Hummeln und andere gemeinsam beobachten zu können, braucht man eine »Wildblumenwiese«, auf der all diese Tiere etwas finden. Ein größeres Pflanzgefäß mit Abzugslöchern am Boden wird mit einem Gemisch aus nährstoffarmer Erde und Sand gefüllt. Ab April sät man eine Wildblumenmischung (im Fachhandel erhältlich) mit Arten wie Kornrade, Flockenblumen, Ringelblumen, Klatschmohn, Margerite, Reseda oder anderen aus. Der Samen kommt maximal einen Zentimeter tief in die Erde und muss jetzt ständig feucht gehalten werden. Nach etwa vier Wochen beginnt die »Wiese« zu blühen und zeigt immer neue Farben bis in den Herbst hinein.

Eine Besucherin am Blumenkasten: **Große Schwebfliege**

Syrphus ribesii

Schwebfliegen sind mit rund dreihundert Arten unter den Fliegen Mitteleuropas besonders zahlreich vertreten. Dabei denken wir bei ihrem Anblick kaum an eine Verwandtschaft mit der Namensgeberin. Schwebfliegen erinnern uns mit ihrer gelb-schwarzen Körperzeichnung eher an Wespen oder Bienen, vor deren Stichen wir uns fürchten. Doch die Schwebfliege ist stachellos und völlig harmlos. Sie täuscht ihre Gefährlichkeit nur vor (Mimikry) und führt mit diesem Warntrick sogar ihre Feinde hinters Licht. Unerfahrene Jungvögel beispielsweise, die von einer Wespe bereits einmal gestochen worden sind, werden auch um Schwebfliegen in Zukunft einen Bogen machen. Schwebfliegen »stehen« oft wie Hubschrauber in der Luft und fliegen dann so rasant davon, dass wir ihnen mit dem Blick kaum folgen können. Nur wenn sie sich auf einer Blüte niederlassen, haben wir Gelegenheit, sie näher zu betrachten. Sie gehören zu den Insektenarten, die der Gärtner mit Sympathie betrachtet, denn die Nektarsauger gehören neben Bienen und Hummeln zu den wichtigsten Blütenbestäubern. Aber auch als biologische Schädlingsbekämpfer genießen Schwebfliegen oder ihre Larven einen guten Ruf, denn die Große Schwebfliege Syrphus ribesii *beispielsweise legt ihre Eier direkt in den Kolonien von Blattläusen ab. Dort können sich die augenlosen Larven an Ort und Stelle ihre Beute ertasten, um sie auszusaugen. Viele Schwebfliegenlarven überwintern in Falllaub, unter Reisighaufen oder im Fassadengrün unseres Hauses. Bei einigen Arten machen sich erwachsene Schwebfliegen aber vor Beginn der kalten Jahreszeit lieber auf in wärmere Gefilde. Wissenschaftler wollen herausgefunden haben, dass sie dann bei ihrer Reise in den Süden täglich bis zu hundert Kilometer zurücklegen. Das ist den schnellen Fliegen eigentlich auch zuzutrauen.*

• Höfe und Abstellplätze

Versiegelte Bodenflächen und graue Wandfassaden in Höfen bieten ein ödes Bild. In solchen unwirtlichen Bereichen staut sich im Sommer die Hitze, das Regenwasser kann nicht mehr versickern, die Erde nicht mehr atmen. Die Natur bleibt ausgesperrt. Abstellplätze oder Garagenzufahrten lassen sich durch Rasengittersteine, Holzpflaster, Kies oder Natursteinpflaster mit breiten, unversiegelten Fugen lebendig gestalten. Kletterpflanzen können ein Carport, monotone Hausfassaden, Garagendächer, Müllboxen oder Elektroschaltkästen überranken. Eine intensive Begrünung bringt Leben in den Hofbereich, verbessert das Kleinklima und macht ihn für Tiere bewohnbar. Mit geeigneten Pflanzen werden Schmetterlinge, Schwebfliegen, Hummeln, Bienen oder Faltenwespen angelockt. Der Hof wird attraktiv für Vögel, Regenwürmer, Tausendfüßer, Ohrwürmer, Ameisen, Steinkriecher, Laufkäfer, Spinnen oder Asseln.

Innenhöfe auf dem Land ...

Wirft man einen Blick in den Hofbereich einiger bäuerlicher Anwesen, so erscheint einem das Bild beschaulich und von der fortschreitenden Naturentfremdung noch weitgehend entfernt. Rauchschwalben fliegen durch Fensteröffnungen in die Stallgebäude. In einem Mauerloch an der Scheune haben Hausrotschwänze ihr Nest errichtet. Hausspatzen hüpfen durch das Gras im Innenhof. Im Weinstock an der Hausfassade sonnen sich Tagpfauenaugen und Admirale.

... und in der Stadt

Hofbereiche in Städten zeigen meist ein ganz anderes Gesicht. Sie werden als Zugang zu Garagen oder als Abstellplatz für Mülltonnen genutzt, haben ein begrenztes Raumangebot und sind dem Zwang von Sauberkeit und Ordnung unterworfen. Wir laufen über Asphaltböden oder sorgsam verfugte Betonplatten und bewegen uns eigentlich in einer Steinwüste, in der die Natur keine Chance zur Entfaltung hat. Diese Bereiche wurden nach rein praktischen Gesichtspunkten geplant und angelegt: Sie müssen pflegeleicht, belastbar und bei jedem Wetter gut begehbar sein. Pflanzen haben hier keine Chance, sich anzusiedeln. Tiere machen um solche trostlosen Bereiche einen Bogen. Versiegelte Beton- oder Asphaltflächen sind aber auch für uns selbst alles andere als eine Augenweide und bringen den Wasserhaushalt und die Bodenatmung völlig aus dem Gleichgewicht.

Auch am tristen Hinterhofmilieu lässt sich noch etwas ändern

Schon ein paar Kübelpflanzen können den Anblick freundlicher gestalten. Noch besser wäre es, die Betondecke an einer geeigneten Stelle aufzubrechen, denn schon ein einziger stattlicher Baum würde das triste Milieu beleben. Kletterpflanzen in Kübeln mit Wasserreservoir könnten gar die Grundlage für ein völlig anderes Bild des Hinterhofes sein, denn mit Rankhilfen lassen sich die Pflanzen über graue Garagen- und Hausfassaden leiten.

Mülltonnen und Müllcontainer

Mülltonnen und Müllcontainer werden oft in Boxen aus Waschbeton untergebracht. So erweitert sich eine graue Hinterhoflandschaft nur um ein weiteres steriles Ordnungselement. Eine Box aus Holzlatten, mit Kletterpflanzen begrünt, ist nicht nur für unser Auge angenehmer, sondern zugleich für viele Kleintiere bereits ein neuer Lebensraum.

Lichtschächte als Tierfallen

Lichtschächte vor Kellerfenstern sind oft nur mit grobmaschigen Gittern abgedeckt. So kann sich im Lichtschacht Falllaub sammeln und viele Kleintiere suchen darin Unterschlupf. Andere stürzen einfach ab oder gehen im Lichtschacht auf Nahrungssuche. Kletterer wie Spinnen, Schnecken oder Asseln sind imstande, einen Lichtschacht wieder zu verlassen. Für Erdkröten, Spitzmäuse, Eidechsen und mitunter auch für Igel kann er jedoch zur Todesfalle werden. Man entschärft die Gefahrenquelle, indem man die gesamte Schachtöffnung mit einem Rahmen abdeckt, der mit einem engmaschigen Fliegengitter bespannt ist.

Eine Bewohnerin von Höfen und Abstellplätzen: **Zebraspringspinne**

Salticus scenius

Die winzigen Springspinnen werden von uns sehr leicht übersehen, obwohl sie häufig in unseren Wohnbereichen anzutreffen sind: am Blumenfenster, an Hauswänden, in Mauerritzen. Wenn wir an einer Springspinne vorbeigehen, ohne sie zu bemerken, hat sie uns wahrscheinlich schon lange im »Visier«. Sie besitzt zwei auffallend große Hauptaugen und kleinere Nebenaugen, die ihr eine fast komplette Rundumsicht verschaffen. Aus der Sicht des Optikers wirken die großen Hauptaugen mit ihren stark gewölbten Linsen wie ein Teleobjektiv, mit dem man einen in der Ferne liegenden Bildausschnitt stark vergrößern kann. Deshalb nimmt die Springspinne viermal mehr Detaileindrücke auf und reagiert viermal schneller auf ein Ereignis in ihrer Umgebung als es uns Menschen möglich ist. Alles, was sich in ihrer Nähe bewegt, wird von ihr sorgfältig fixiert. Sie findet heraus, ob es sich dabei um einen Feind, eine Beute oder einen Artgenossen handelt. Das winzige Tier kann aber nicht nur gut sehen, sondern auch Farben erkennen. Diese Fähigkeit der Farberkennung ist für die Partnerfindung wichtig. Vor allem die Männchen der hierzulande lebenden rund siebzig Springspinnenarten sind unterschiedlich bunt gefärbt und geben damit einer Partnerin ihrer Art ein optisches Signal.

Hat eine Springspinne ein geeignetes Opfer in ihrer Nähe entdeckt, schleicht sie sich bis auf wenige Zentimeter heran. Dann erfolgt der Sprung aufs Opfer, bei dem die Spinne Weiten bis zum 25fachen ihrer Körperlänge erreicht. Sollte dieser präzise Sprung doch einmal daneben gehen, stürzt die kleine Spinne allerdings nicht ab. Sie hängt an einem Spinnfaden, den sie zur Sicherheit an der Absprungstelle angeheftet hat. Ihre unglaublich weiten und gezielten Sprünge schafft die winzige Spinne aber nicht mit Muskelkraft. Sie kann den Blutdruck in ihrem Vorderkörper vor dem Sprung beträchtlich steigern. Das angestaute Blut schießt ihr im Bruchteil einer Sekunde in die Gliedmaßen, ihre Beine strecken sich, die Spinne hebt ab und wird erst etwas nach oben und dann nach vorn geschleudert.

Springspinnen, unsere kleinen Mitbewohner im Blumenkasten oder in einer Mauerritze, lassen sich aber nur bei schönem Wetter beobachten.

An verregneten, kühlen Tagen ziehen sie sich in ihre Behausungen zurück: ein aus Spinnfäden gewebtes Versteck, in dem sie sich auch häuten oder ihre Eier ablegen.

• Keller und Schuppen

Wir erinnern uns vielleicht noch an den guten alten Vorratskeller. Dort standen Gläser mit Eingemachtem in Regalen. Kartoffeln, Mohrrüben und andere Feldfrüchte lagerten auf dem Lehmboden. Wenn man das Licht anknipste, huschten Spinnen und Käfer über die grauen Wände. Asseln und Steinläufer hausten im Kehrichthaufen in der Ecke. Nebenan türmten sich Brennholz und Kohlen und im feuchten, düsteren Verschlag dahinter hatten Fledermäuse ihr Quartier. In solchen »Naturkellern« herrschte eine besondere Atmosphäre. Einerseits wusste man seine Vorräte hier ideal gelagert, zum anderen bestand auch eine gewisse Furcht vor Tieren, die eindringen konnten, um sich an den Lebensmitteln zu vergreifen. Ein Fliegengitter vor dem Fenster sollte Tiere fernhalten. Aber irgendwo gab es Löcher im alten Gemäuer oder in einer morschen Tür, wo Nager, Kröten, Ameisen oder Insekten eindringen konnten. Für Fledermäuse wurden solche Keller zum Ersatzlebensraum für die verschwundenen natürlichen Höhlen. Mit unseren ständig steigenden Ansprüchen an Komfort, Sauberkeit und Hygiene sind diese alten »Naturkeller« weitgehend verschwunden. Ölheizungen und Öltanks, Tiefkühltruhen und Waschmaschinen haben Einzug gehalten in die unteren Etagen unserer Häuser. Behördliche Vorschriften für Elektroinstallation, Brandschutz, Belüftung oder Kanalisation sowie der allgemeine Zwang zur Energieeinsparung sind weitere Gründe für die Modernisierung unserer Kellerbereiche. Durch feuerfeste Türen und Isolierfenster bleiben Tiere in diesen Räumen ausgesperrt.

Es gibt aber auch heute noch Keller, die von den Modernisierungsmaßnahmen verschont geblieben sind, und von seltenen Wildtierarten nur deshalb nicht als Unterschlupf genutzt werden können, weil man ihnen – meist aus Angst vor Ratten oder Mäusen – den Eingang verwehrt.

Wertvolle Quartiere

Wenn Fledermäuse, Kröten, Salamander oder Igel in alten Kellern und Schuppen ihr Quartier beziehen, brauchen sie jederzeit eine gute Ein- und Ausgangsmöglichkeit und möglichst wenig Störungen durch

Menschen. Durch unsere modernen Wohngebäude, in denen jede Ritze versiegelt ist und Tiere kaum noch Eingang finden, bekommen alte Keller und Schuppen einen besonderen Wert für Tiere, wenn man nicht auch hier alles modernisiert und abdichtet und die Tiere damit auch aus diesen Bereichen wieder vertreibt.

Lichtschächte vor Kellerfenstern sind oft Gefahrenbereiche, an denen viele Tiere, die Zuflucht in Kellern suchen, scheitern und zu Grunde gehen. Sie fallen hinein und können den Ausweg nicht mehr finden. Man entschärft diese Tierfallen am besten, indem man den Kellerschacht mit einem engmaschigen Drahtgitter abdeckt.

Alte Keller – Wohnungen für Fledermäuse

Bevor man in einem alten Keller, den man vielleicht selbst nicht mehr nutzt, die Fenster- und Türöffnungen vermauert oder mit Brettern vernagelt, sollte man bedenken, dass damit einige der hochbedrohten Fledermausarten wie das Mausohr oder die Breitflügelfledermaus abgewiesen werden. Die in Kellern überwinternden Fledermausarten stellen allerdings gewisse Ansprüche an ihre Ruheplätze. Die Kellerräume müssen eine relativ hohe Luftfeuchtigkeit von etwa neunzig Prozent aufweisen, frostsicher und möglichst dunkel sein. Zugluft ist für Fledermäuse lebensbedrohlich. Sie brauchen Ruhe und raue, möglichst unverputzte Wände, wo sie sich anklammern können. In Hohlblocksteinen, die man nachträglich an Wand oder Decke anbringen kann, finden sie ein ideales Winterquartier. Fledermäuse können durch alle möglichen Löcher und Spalten in Türen, Fenstern oder im Mauerwerk Einlass finden, wenn sie eine Höhe von etwa fünf Zentimeter und eine Breite von etwa vierzig Zentimeter haben. Damit werden unerwünschte Tiere wie Marder aus dem Keller ferngehalten.

Auch Erdkröten und Feuersalamander suchen in alten Kellern ein Winterquartier

Kühle, relativ feuchte, aber frostsichere Keller können auch ein beinahe »klassischer« Überwinterungsplatz für Feuersalamander und Erdkröten sein. Allerdings bedeuten Kellertreppen oft eine Gefahr für Amphibien. Die Tiere lassen sich über die Treppenstufen nach unten gleiten. Doch beim Aufstieg erweisen sich die Stufen dann meist als unüberwindbares Hindernis. Legt man ein ungehobeltes Brett seitlich über die ganze Kellertreppe, haben die Tiere eine sichere Ausstiegshilfe. Amphibien können durch Öffnungen an der Unterseite von Kellertüren oder im Mauerwerk in den Keller gelangen. Die Schlitze sollten ebenfalls fünf Zentimeter hoch sein, brauchen aber nur eine Breite von etwa zehn Zentimetern zu haben.

Ein schmales Fluchtbrett hilft Tieren beim Verlassen eines Kellers oder Lichtschachtes.

Schuppen und Lauben sind für viele Tierarten interessant

Schuppen werden in der Regel zum Abstellen von Geräten oder als Aufbewahrungsort für alle möglichen Materialien und Utensilien benutzt. Durch ihre normalerweise einfache Bauweise ist die Abdichtung weniger perfekt als in einem Wohnhaus. Mauerfugen, Holzritzen oder Astlöcher bieten Tieren ideale Einschlupfmöglichkeiten, so dass man mit einer großen Zahl von Sommer- und Wintergästen rechnen kann. Je nachdem, in welcher Umgebung und in welchem baulichen Zustand sich der Schuppen befindet, kann man Kleinsäugetiere wie Igel, Spitzmäuse, Marder, Iltisse oder Gartenschläfer erwarten.

Auch Tiere, die in Schuppen, Gartenlauben oder Ställen ihr Quartier beziehen, brauchen Einschlupflöcher, besonders in Bodennähe.

Löcher im Mauerwerk einer Scheune bieten Einflugmöglichkeiten für Fledermäuse, Vögel und Insekten.

Igel, Amphibien oder Eidechsen werden davon Gebrauch machen, während Florfliegen oder Schmetterlingen ein ständig gekipptes Fenster als Ein- und Ausgang dienen kann.

Ein idealer Nistplatz für Kleinvogelarten

Zaunkönige und Gartenrotschwänze suchen gern einen Nistplatz im Schuppen und sind dabei nicht anspruchsvoll. Es kann vorkommen, dass ein Rotschwanzpaar in einem eingerollten Elektrokabel an der Innenwand eines Schuppens plötzlich sein Nest errichtet. Auch für die Rauchschwalbe werden Schuppen oder andere Nebengebäude zunehmend als Brutplatz interessant, denn ihre ursprünglichen Brutplätze in natürlichen Höhlen sind weitgehend verschwunden. Eine Zeit lang richtete sich die Rauchschwalbe in luftigen Kuhställen ein, bis die moderne Milchwirtschaft neue hygienische Stallgebäude errichtete, in die sie keinen Einlass mehr fand. Seitdem ist die Rauchschwalbe erneut auf Wohnungssuche.

Wie ein Schuppen für Tiere noch attraktiver wird

Ein Schuppen wird für Tiere noch interessanter, wenn man seine Seitenwände mit schnell wachsenden Kletterpflanzen wie Knöterich oder Clematisarten begrünt, die möglicherweise das Dach erreichen und den ganzen Schuppen in einen grünen Mantel hüllen. Mitunter haben wir aber schon unbewusst um einen Schuppen oder andere Nebengebäude herum neue Wohnungen für Tiere geschaffen. Vielleicht lagern an den Außenwänden alte Mauersteine, Dachziegel, Kaminholz, umgestülpte Blumentöpfe oder Bretter. Vielleicht hat sich ein Reisighaufen aufgetürmt. Kleinsäuger, Feuersalamander, Erdkröten, Molche, Spinnen und viele Insektenarten finden hier einen Unterschlupf. Solchermaßen gelagerte Materialien dürfen während der Zeit, in der Tiere hier ihre Winterruhe halten könnten, keinesfalls abgeräumt werden. Wenn man erst einmal erkannt hat, wie viele Tierarten hier ihre Verstecke und Ruheplätze haben, wird man sie vielleicht ganz den Tieren überlassen oder gar durch das bewusste Anlegen solcher Nischen ihre Ansiedlung noch fördern wollen.

Eine Bewohnerin von alten Kellern und Schuppen: **Erdkröte**

Bufo bufo

Erdkrötenmännchen haben es schwer, wenn sie im Vorfrühling aus ihrer Winterstarre erwachen und sich auf die Suche nach einer Partnerin begeben. Statistisch gesehen müssen sich dann nämlich sieben Männchen um nur ein Weibchen bewerben. Bei so viel Konkurrenz versucht in der Paarungszeit jedes Männchen das erstbeste Weibchen zu ergattern, indem es die viel größere Partnerin am Rücken umklammert und sich von ihr gleich wie ein aufsitzender Reiter zum Laichgewässer tragen lässt. Zwischendurch versuchen ihm Konkurrenten die Partnerin streitig zu machen, so dass es oft zu chaotisch anmutenden Rangeleien zwischen den Amphibien kommt. Andere Männchen verwechseln in ihrem Eifer mitunter die Geschlechter, umklammern Männchen, die sich heftig wehren oder halten gar ein Stück Holz oder einen Stein für eines der begehrten Krötenweibchen.

Erdkröten suchen zum Ablaichen stets das selbe Gewässer auf, in dem sie selbst geboren wurden. Mit ihrem unbeirrbaren Instinkt überqueren sie dabei Wege und Straßen, lassen jede Vorsicht außer Acht, und ihre

Langsamkeit, mit der sie sich fortbewegen, trägt noch dazu bei, dass manches Erdkrötenpaar schon auf dem Weg zum Wasser unter die Räder kommt.

Im Stammgewässer legen die Weibchen an langen Laichschnüren ihre Eier ab, die von den Männchen sofort befruchtet werden. Nach der »Hochzeit« suchen die Tiere ihre Sommerquartiere auf, die in schattigen Waldregionen, an Tümpeln, Bachufern oder feuchten Wiesen, aber auch in naturnah gestalteten Gärten liegen können. Rund ums Haus und im Garten suchen sie sich Unterschlupfplätze und Winterquartiere an Stellen, wo es nicht »allzu ordentlich« ist: Kompost-, Reisig- oder Steinhaufen, Nischen und feuchte Plätze in Kellern, Gewächshäusern und Geräteschuppen.

Die »hässliche« Erdkröte hat nicht nur schöne goldene Augen; sie ist, bedingt durch ihre Langsamkeit, auf langsame Beutetiere angewiesen. Neben allerlei Insekten und Würmern stehen die von uns wenig geschätzten Nacktschnecken ganz oben auf ihrem Speisezettel.

Tierfreundliche Gärten

In der Vergangenheit kannte man überwiegend nur den Nutzgarten, in dem der Mensch seine Gemüsepflanzen umhegte und sich damit auf das konzentrierte, was für ihn essbar war. Mit steigendem Wohlstand kamen dann Ziergärten immer mehr in Mode. Blumen und Sträucher passten hier harmonisch zueinander und es war noch ein bisschen Platz für Schnittlauch, Petersilie oder andere Küchenkräuter. In beiden Fällen versuchte man stets, sich gegen die Natur jenseits des Gartenzaunes abzugrenzen. Das galt sowohl für wuchernde Unkrautpflanzen, wie auch für Tiere, die die Gartenordnung binnen kurzer Zeit durcheinander bringen konnten. Trotzdem konnte man in solchen Gärten aber durchaus noch Natur erleben, weil eine Verbindung mit der angrenzenden »Wildnis« überhaupt nicht auszuschließen war.

Heute können Gärten zum ersten Mal in ihrer Geschichte eine ganz neue Bedeutung als Zufluchtsorte für bedrohte Tiere erlangen. Viele Wildkräuter, die früher hinter dem Gartenzaun wucherten und die wir als Unkräuter betrachteten, sind weitgehend verschwunden und mit ihnen viele Tierarten, denen sie seit jeher als Nahrungsquelle dienten. Andere Tiere wurden aus ihren Feuchtbiotopen vertrieben oder sie verloren ihren Brutplatz in alten Bäumen oder in einer natürlichen Felsenhöhle. Diese Tiere sind jetzt gewissermaßen zu Asylbewerbern geworden und suchen jetzt auch in unseren Gärten nach neuen Lebensräumen. Aber sie lassen sich nicht in Einheitsgärten nieder, die steril und leblos sind und in denen der grüne Einheitsrasen oder hochgezüchtete Blumensorten in Rabatten dominieren. Wer frei lebende Tiere dauerhaft um sich haben will, muss auch etwas Unordnung ertragen. Stein-, Laub- und Reisighaufen, Hecken und Büsche mit heimischen Arten, eine Steinmauer, ein Gartenteich oder eine Wildblumenwiese machen einen Garten für Tiere interessant.

• Hecken und Wildsträucher

Hecken sind Grenzen, die für Tiere passierbar sind. Die Tiere können in unseren Garten gelangen und ihn jederzeit wieder verlassen. Hecken verringern die Windgeschwindigkeit, sind Lärmschutz, Sichtschutz und Staubfilter. Sie mildern Temperaturextreme, erhöhen die Luftfeuchtigkeit und sind gut für unsere Augen. Für Tiere haben sie einen besonderen Wert. Mit ihrem etagenähnlichen Aufbau bieten sie ineinander verschachtelte Lebensräume für Vögel wie Grünfink, Amsel, Heckenbraunelle, Mönchsgrasmücke oder Zaunkönig, für Insekten wie Schmetterlinge, Schlupfwespen, Blattwespen, Heuschrecken, Wanzen, Laufkäfer und Marienkäfer, für Spinnen oder Asseln.

Hecken aus unterschiedlichen Wildstraucharten sind in der Natur begehrte Lebensräume für Kleinsäuger, Vögel, Spinnen und Insekten, weil sie ihnen Nahrungsquellen, Verstecke und Möglichkeiten zur ungestörten Aufzucht ihres Nachwuchses bieten. Denken wir nur an die vielen Vogelnester, die erst im Winter, wenn das Laub gefallen ist, in Wildsträuchern am Wegrand sichtbar werden. Gerade die wild wachsenden Hecken sind aber in der Vergangenheit dem Menschen oftmals ein Dorn im Auge gewesen. Manchmal passten sie nicht in das von ihm geplante Landschaftsbild, Landwirten waren sie bei der Bestellung ihrer Felder im Wege, andere Hecken wurden nur deshalb gerodet, weil sie einen »liederlichen« Eindruck machten.

Wildstrauchhecken – »lebendig« und interessant zu jeder Jahreszeit

Heute erlebt die Wildstrauchhecke, zumindest in einigen Bereichen, so etwas wie eine »Wiedergeburt«, denn sie wird von Kommunalgärtnern häufig als lärmdämpfendes Element vor Eisenbahnlinien oder Autobahnen angepflanzt. Solche ausladenden Hecken sind selten für unsere Normalgärten geeignet. Aber wir sollten uns weder aus Platzgründen noch im Hinblick auf rasches Wachstum etwa dazu verleiten lassen, uns mit einer Thujahecke zu begnügen. Sie bescheinigt dem Gartenbesitzer weder besonderen Einfallsreichtum, noch wird sie ihm große Freude bereiten. Sie ist eigentlich nur eine eintönige, immergrüne »Mauer«. Selbst eine Schnitthecke (etwa aus Hainbuche,

Weißdorn oder Feuerdorn) stellt eine weitaus bessere Lösung dar. Ideal für einen Garten mit Naturcharakter aber wäre eine Hecke aus verschiedenen einheimischen Wildstraucharten oder eine Buschgruppe, die nicht nach geometrischem Muster angepflanzt ist, dem Gesamtbild Offenheit und Harmonie verleiht und vielen Tieren höchst willkommen ist.

Wildstrauchhecken sollen in den meisten Fällen als Sichtschutz, Lärmschutz oder Windschutz dienen. Für ihre Anpflanzung gibt es die Faustregel, dass man höherwüchsige Arten nach hinten setzt, kleinerwüchsige nach vorn oder an die Randbereiche, licht- und wärmeliebende Arten an die Südseite. Auch unter der Wildstrauchhecke entstehen geeignete Standorte für attraktive Pflanzenarten, denen das schattig feuchte Bodenmilieu zusagt. Die untere Etage der Wildstrauchhecke muss also kein Bereich sein, »wo das Unkraut nur so wuchert«.

Das Anlegen einer Wildstrauchhecke erfordert Einfühlungsvermögen und Phantasie. Je nach vorhandenem Platz und Anspruch der Pflanzen einreihig, zweireihig oder versetzt gepflanzt, können Wildsträucher das ganze Jahr über unsere Blicke auf sich ziehen: mit farbenfrohen Blüten, mit reifen Früchten, mit ihrem bunten Herbstlaub. Gleichzeitig lassen sich schillernde Insekten beobachten oder Spinnen, die ihre kunstvollen Netze weben, und selbst im Winter sitzen Vögel in den kahlen Zweigen.

Anlegen einer Wildstrauchhecke

Die beste Pflanzzeit ist im Oktober oder November nach dem Blattabwurf. Nach gründlicher Bodenlockerung und Entfernen aller Unkräuter wird die Pflanzgrube ausgehoben. Sie sollte so bemessen sein, dass sich die Wurzeln bequem darin ausbreiten können. Die Zweige der Wildsträucher werden etwa um ein Drittel abgeschnitten; auch die Wurzeln werden etwas gekürzt. Die Sträucher sollten nicht zu tief gesetzt werden, etwa so, dass das Erdreich gerade den Wurzelansatz bedeckt. Die Pflanzgrube wird mit Erdreich aufgefüllt und der Wurzelballen festgetreten. Selbst bei Regen werden die Sträucher reichlich angegossen.

Der Abstand zwischen den einzelnen Wildsträuchern sollte je nach Art etwa ein bis zwei Meter betragen.

Anlegen einer Schnitthecke

Eine Schnitthecke wird wie eine Wildstrauchhecke angelegt, je nach Art gelten folgende Höhen und Angaben zur Pflanzendichte:
(Laubabwerfende Gehölze)
Hainbuche: Heckenhöhe 2 – 3 m, 3 – 4 Stück pro lfd. m
Rotbuche: Heckenhöhe 2 – 3 m, 2 – 3 Stück pro lfd. m
Weißdorn: Heckenhöhe 2 – 3 m, 3 – 4 Stück pro lfd. m
(Immergrüne Hecke)
Berberitze: Heckenhöhe 0,50 – 1 m, 3 – 4 Stück pro lfd. m

Heckenschnitt

Wenn sich die Wildstrauchhecke zu stark ausbreitet, darf man sie im Spätherbst getrost zurückschneiden. Umso kräftiger und dichter wird sie im darauf folgenden Jahr.

Porträt eines Heckenbewohners: **Rotkehlchen**

Erithacus rubecula

Das Rotkehlchen, berichtete schon Alfred Brehm, »... ist ein liebenswürdiges Geschöpf, das sein munteres, fröhliches Wesen bei jeder Gelegenheit bekundet.« Tatsächlich ist der kleine Vogel mit seiner roten Brust, den großen Augen, seiner Zutraulichkeit und seinem schwermütigen Gesang den meisten Menschen ungemein sympathisch. Vermutlich auch deshalb, weil Rotkehlchen vor uns wenig Scheu bekunden. Mitunter lassen sie uns fast zum Streicheln nahe kommen, ehe sie die Flucht ergreifen. Ornithologen erklären dieses ungewöhnliche Verhalten indes ziem-

Pflanzen für den Unterwuchs einer Hecke

Deutscher Name / Botanischer Name	Wuchshöhe	Feuchtigkeitsansprüche	Blütezeit (Monate)	Blütenfarbe
Alpenveilchen *Cyclamen purpurascens*	bis 20 cm	mittel	VI – X	violett
Buschwindröschchen *Anemone nemorosa*	10 – 30 cm	gering, mittel	III – V	weiß
Christrose *Helleborus niger*	bis 30 cm	gering, mittel	VII – III	weiß
Echte Nelkenwurz *Geum urbanum*	bis 60 cm	gering, mittel	V – IX	gelb
Gamanderehrenpreis *Veronica chamaedrys*	bis 30 cm	mittel	V – VII	blau
Geflecktes Lungenkraut *Pulmonaria officinalis*	bis 30 cm	gering, mittel	III – V	violett
Hohler Lerchensporn *Corydalis cava*	20 – 30 cm	hoch	III – V	rosa
Leberblümchen *Hepatica nobilis*	bis 30 cm	gering, mittel	III – V	blau

Deutscher Name / Botanischer Name	Wuchshöhe	Feuchtigkeitsansprüche	Blütezeit (Monate)	Blütenfarbe
Maiglöckchen *Convallaria majalis*	bis 30 cm	mittel, hoch	V – VI	weiß
Märzenbecher *Leucojum vernum*	bis 30 cm	mittel	II – IV	weiß
Scharbockskraut *Ranunculus ficaria*	bis 20 cm	feucht	III – V	gelb
Türkenbundlilie *Lilium martagow*	bis 100 cm	mittel	VI – VII	rot
Waldmeister *Galium odoratum*	bis 30 cm	gering, mittel	IV – VI	weiß
Waldsauerklee *Oxalis acetosella*	bis 10 cm	mittel, hoch	IV – V	weiß
Waldveilchen *Viola sylvestris*	bis 20 cm	gering, mittel	IV – VI	violett
Waldvergissmeinnicht *Myosotis sylvatica*	bis 40 cm	mittel	V – VI	blau
Wechselblättriges Milzkraut *Chrysosplenium alternifolium*	bis 20 cm	hoch	III – V	gelb

Wildsträucher für Hecken

Deutscher Name / Botanischer Name	Wuchshöhe	Feuchtigkeits-ansprüche	Blütezeit (Monate)	Blütenfarbe	Bedeutung für Tiere
Berberitze *Berberis vulgaris*	1 – 3 m	mittel, gering	V – VI	gelb	Nahrungsquelle für Vögel, Insekten und Säuger
Besenginster *Cytisus scoparius*	1 – 2 m	mittel, gering	V – VI	gelb	Nahrungsquelle für Vögel, Insekten und Säuger
Eingriffeliger Weißdorn *Crataegus monogyna*	2 – 4 m	mittel, hoch	V – VI	weiß	Nahrungsquelle für Vögel, Insekten und Säuger
Faulbaum *Frangula alnus*	1 – 3 m	hoch	V – VI	grünlich weiß	Futterpflanze für die Raupe des Zitronenfalters
Gemeine Heckenkirsche *Lonicera xylosteum*	1 – 2 m	mittel, hoch	V – VI	gelb	Nahrungsquelle für Vögel, Insekten und Säuger

Deutscher Name / Botanischer Name	Wuchshöhe	Feuchtigkeits-ansprüche	Blütezeit (Monate)	Blütenfarbe	Bedeutung für Tiere
Gemeiner Schneeball *Viburnum opulus*	1 – 5 m	hoch	V – VI	weiß	die roten Beeren werden von Vögeln gern gefressen
Hartriegel *Cornus sanguinea*	2 – 5 m	trocken	V – VI	weiß	Beeren werden von Vögeln gern gefressen
Haselnuss *Corylus avellana*	3 – 5 m	mittel, hoch	II – IV	gelb	Nahrungsquelle für Käfer, Vögel und Säuger
Hundsrose *Rosa canina*	2 – 4 m	mittel, gering	VI – VII	rosa	Früchte (Hagebutten) sind die Lieblingsspeise vieler Vogelarten
Kreuzdorn *Rhamnus cathartica*	2 – 5 m	mittel, gering	V – VI	gelbgrün	Nahrungsquelle für Vögel, Insekten und Säuger

Deutscher Name / Botanischer Name	Wuchshöhe	Feuchtigkeitsansprüche	Blütezeit (Monate)	Blütenfarbe	Bedeutung für Tiere
Liguster *Ligustrum vulgare*	1 – 2 m	mittel, gering	VI – VII	weiß	Nahrungsquelle für Bienen, Vögel und Säuger
Roter Holunder *Sambucus racemosa*	1 – 4 m	mittel, hoch	IV– V	gelb	Nahrungsquelle für Vögel, Insekten und Säuger
Sanddorn *Hippophae rhamnoides*	1 – 4 m	gering	IV – V	braun	Nahrungsquelle für Vögel und Insekten
Schlehe *Prunus spinosa*	1 – 3 m	mittel	IV – V	weiß	Futterpflanze für die Raupe des Schlehenspinners
Wilde Stachelbeere *Ribes uva-crispa*	0,50 – 1 m	mittel, hoch	IV – V	grüngelb	Futterquelle für Bienen, Hummeln, Schmetterlinge
Wolliger Schneeball *Viburnum lantana*	1 – 3 m	mittel, gering	V – VI	weiß	Nahrungsquelle für Vögel, Insekten und Säuger

lich unpoetisch. Sie vermuten, dass Rotkehlchen in uns eines jener Säugetiere sehen, denen sie sich in strengen Wintern anschließen, in der Hoffnung, an Stellen, wo die Säuger den Schnee fortscharren, ein paar Samen oder hart gefrorene Beeren zu finden. Nicht jedes Rotkehlchen setzt sich freilich der Kälte und Futterknappheit unserer Wintertage aus. Als Teilzieher entscheiden sich die Vögel individuell: Die einen bleiben hier, andere fliegen in wärmere Länder am Mittelmeer oder im westlichen Europa. Das Rotkehlchen zeigt sich auch im Umgang mit seinen Artgenossen als Individualist. Es ist nicht nur ungesellig; vor allem Rotkehlchen-Männchen können regelrecht streitsüchtig und unverträglich sein. Sie verteidigen ihre Wohnreviere und Nistplätze energisch gegen jeden Konkurrenten. Dabei versuchen sie, mit Drohgebärden und unablässigem Gesang den Fremdling einzuschüchtern. Wer jetzt nicht weicht, erlebt zunächst ein paar wütende Scheinattacken, dann geht ihm der aufgebrachte Revierinhaber schlimmstenfalls sogar ans Gefieder.

Bei aller Zutraulichkeit dem Menschen gegenüber nisten Rotkehlchen nicht in blank geputzten Gärten. Wo sie ihr Napfnest aus Grashalmen, Blättern und Moosen errichten, muss die Vegetation üppig sein. Unter Wildstrauchhecken, in hohlen Baumstümpfen oder im dichten Blattwerk grüner Hausfassaden finden die Vögel gut getarnte Plätze. Zwischen April und Juni legt das Weibchen fünf bis sieben Eier, die es selbst ausbrütet. Dann sind beide Elternvögel unablässig mit dem Heranschaffen der Nahrung für den hungrigen Nachwuchs beschäftigt. Fast pausenlos kommen sie mit Insekten, Regenwürmern oder kleinen Nacktschnecken angeflogen, bis die Jungvögel nach etwa zwölf Tagen das Nest verlassen können.

Vom Spätsommer an halten sich Rotkehlchen verstärkt an vegetarische Kost. Holunder- und Faulbaumbeeren und selbst die giftigen Früchte des Pfaffenhütchens werden von ihnen verspeist und meist nur unvollständig verdaut. So mancher Wildstrauch verdankt seine Existenz damit einem Rotkehlchen, das einen noch keimfähigen Samen irgendwohin in die Landschaft getragen und dort ausgeschieden hat.

• Wildblumenwiese statt Rasen

Sieht man eine Wildblumenwiese in der Natur oder ein wunderschönes Bild in einer Zeitschrift, das bunte Schmetterlinge an Wiesenmargeriten, Habichtskraut, Wiesensalbei oder Ackerwitwenblumen zeigt, wünscht man sich: So eine Wiese möchte ich auch im eigenen Garten haben. Lange genug hat man die monotone Rasenfläche vor der Terrasse von Moos und Unkraut befreit, gedüngt, belüftet und bewässert. Ein paar Amseln haben dort auf der Suche nach Würmern herumgestochert, und selbst das hat uns nicht immer erfreut, weil die Wiese gerade frisch gemäht war und die Vögel mit ihren Schnäbeln unsere Gartenordnung durcheinander brachten. Eigentlich ist man das ständige Wiesemähen und sonstige Pflegearbeiten schon lange leid. Man möchte entspannt auf der Terrasse sitzen und sich an einem bunten Blumenteppich erfreuen, auf dem sich Gartenlaufkäfer, Hummeln, Wildbienen, Falterraupen, Marienkäfer, Florfliegen und Schmetterlinge tummeln.

Pflanzen- und Tiervielfalt

Die Wildblumenwiese im Garten ist ein Traum für viele Naturfreunde, der sich aber oft nur mit viel Arbeit und Geduld verwirklichen lässt. In der Regel sind es nährstoffarme, sonnige Plätze, an denen sich draußen in der Natur die schönste Blütenpracht entfaltet. Das bunte Wiesenbild lässt sich aber nicht ohne weiteres im Garten kopieren. Die vorhandenen Böden entsprechen meist nicht den Standortbedürfnissen der Pflanzen, die später in der Wiese gedeihen sollen. Obstbäume, Sträucher oder Gebäude werfen mitunter zu viel Schatten auf den gewählten Platz im Garten. Die regionalen Wetterbedingungen beeinflussen zudem das Wachstum und Gedeihen der Pflanzen. Auch wenn man sich das gesamte bunte Wiesenleben mit seinen Pflanzen und der großen Artenvielfalt an Tieren wie Schmetterlingen, Wildbienen, Hummeln, Heuschrecken oder Käfern nicht automatisch in den Garten holen kann, lohnt sich das Anlegen einer Wildblumenwiese, denn die Erfolge werden sich nach und nach einstellen. Die Wildblumenwiese ist ein Lebensraum, der immer wieder neue Lebensperspektiven für Pflanzen und Tiere eröffnet. Diese Entwicklung zu beobachten ist spannender, als einen Schurrasen zu pflegen, der unseren Augen nichts zu bieten hat.

Welche Tiervielfalt sich mit Wildblumen in unserem Garten einstellen kann, lässt sich nicht einmal annähernd beschreiben. Die gelben Blüten des **Hornklees** haben einen Bestäubungsmechanismus, der speziell für Hummeln und Bienen eingerichtet ist. Gleichzeitig ist die Wildblume eine begehrte Futterpflanze für die Raupen vieler einheimischer Schmetterlinge wie Senfweißling, Grüner Heufalter, Brombeer-Zipfelfalter, Geißkleebläuling, Dunkler Dickkopffalter, Erdeichel-Widderchen, Gewöhnliches Blutströpfchen und Esparsetten-Widderchen. Die **Bunte Kronwicke** liefert Nektar und Pollen für Tagfalter, Hummeln und Wildbienen. Ihre Samen holen sich Grünlinge und Hänflinge. Ihre Blätter ernähren Schmetterlingsraupen wie Raupen des Silbergrünen Bläulings, Himmelblauen Bläulings, Dunklen Dickkopffalters, Hufeisenklee-Heufalters, Postillons, Grünlichen Heufalters, Kronwicken-Widderchens, Randfleck-Widderchens und der Wickeneule.

Schritt für Schritt zur »Traumwiese«

Der Weg zu einer richtigen Wildblumenwiese kann lang und manchmal deprimierend sein, und will man möglichst schnell dorthin gelangen, steht uns eine Riesenarbeit bevor. Unsere alte Grünwiese wächst in der Regel auf nährstoffhaltigem Mutterboden, der vielen Arten nicht behagt, die wir uns in der Blumenwiese wünschen. Um nur in etwa die Grundlage für eine Wildblumenwiese zu schaffen, muss man den alten Grünrasen bis unter den Wurzelbereich der Gräser abtragen. Der zutage tretende Mutterboden wird »abgemagert«, indem man ihn mit Sand vermischt.

Zum Schluss wird die ganze Anlage mit einem Rechen locker planiert. Wer sich diese ganze Arbeit macht, sollte keine x-beliebige Samenmischung von Wildblumen kaufen, wie sie vor der Kasse in Supermärkten angeboten wird. Ein Gespräch mit einem sachkundigen Fachhändler oder mit Gartenbesitzern, die schon Erfahrungen mit einer Wildblumenwiese gemacht haben, kann manchen Frust ersparen.

Eine Wildblumenwiese verändert in den ersten Jahren nach der Aussaat ständig ihr Gesicht. Aus dem Boden schießen zunächst die Ackerblumenarten üppig bunt hervor: Klatschmohn, Kamille, Kornblume oder Margerite. Erst ab dem zweiten Jahr wird erkennbar sein, ob man beim Samenkauf die richtige Wahl getroffen hat. Jede Blumenwiese im Garten hat ihren eigenen Charakter. Bodenbeschaffenheit, klimatische Bedingungen, Sonnenlicht und anderes nehmen Einfluss auf Gedeih oder Verderb der Pflanzen. Einige Blumenarten werden sich stark ausbreiten, andere werden verschwinden. Es bleibt uns überlassen, das standortbedingte Gleichgewicht, das sich in der Wiese erst im Laufe der Jahre einstellen wird, durch gezieltes Nachsäen zu verändern.

Aussaat: April bis Juni oder August bis September. Das Saatgut wird großflächig und möglichst gleichmäßig auf den gelockerten Boden gestreut, mit einem Rechen in der oberen Krume verteilt und dann mit einem Trittbrett oder einer Walze festgedrückt. Die keimende Saat muss ständig feucht gehalten und notfalls mit Maschendraht oder einem Netz vor hungrigen Vögeln geschützt werden.

Eine Wildblumenwiese muss gemäht werden: Der erste Schnitt erfolgt, wenn die Wildblumen etwa eine Höhe von zehn Zentimetern erreicht haben. Danach wird die Wiese zweimal im Jahr mit der Sense gemäht: Juli/August und September/Oktober.

Unkräuter: Unter »Unkräutern« verstehen wir in der Wildblumenwiese jene Arten, die durch ihr rasantes Wachstum andere Pflanzen unterdrücken und ohne unser Eingreifen bald das ganze Wiesenbild beherrschen würden. Hier sei als Beispiel nur die überaus lästige Quecke genannt. Besonders die aufkeimende Saat sollte man auf solche unerwünschten Arten untersuchen, um sie gründlich auszurotten.

Betreten nur mit Vorsicht

Wildblumenwiesen sind Tummelplätze für Insekten, aber leider nicht für Kinder. Das Betreten ist nur mit Umsicht erlaubt.

Schneidet man aber mit dem Rasenmäher einen Weg durch die Blumenwiese, kann man die Blütenpracht und das emsige Kleintierleben ganz aus der Nähe betrachten.

Oder man lässt den strapazierfähigen Schurrasen zur Hälfte bestehen und legt die empfindliche Wildblumenwiese auf der anderen Hälfte an. So wird man Kindern, die spielen wollen, und nektarsuchenden Insekten gleichermaßen gerecht.

Wenn der Garten zu klein für eine Wildblumenwiese ist, kann man ein Wildblumenbeet in einer sonnigen Ecke anlegen.

Eine bunt blühende Frühlingswiese ohne großen Aufwand

Eine grüne Wiesenfläche, die nur als Spielwiese für Kinder dienen soll, kann im zeitigen Frühjahr dennoch üppig blühen. An vielleicht ohnehin lädierten Stellen in der Wiese werden Zwiebeln von Frühlingskrokus, Schneeglöckchen, *Scilla bifolia* (Zweiblättriger Blaustern) oder Gelber Narzisse eingegraben (den Boden gründlich auflockern und gegebenenfalls mit etwas Humus vermischen). Die Frühjahrsblumen breiten sich im Laufe der Jahre von selbst immer weiter aus. Sind sie verwelkt, darf die Wiese gemäht werden; das Betreten ist den ganzen Sommer über erlaubt.

Die Wildblumenwiese – ein Platz für Bienen und Spinnen

Honigbiene

Apis mellifera

Die Honigbiene Apis mellifera *gehört zu den Insektenarten, die wir uneingeschränkt als »nützlich« bezeichnen. Honigbienen sind immens fleißige Arbeiter in einem geordneten Staatsgefüge, perfekte Baumeister, rastlose Blütenbestäuber und als Zuchtform willige Honiglieferanten. Selbst der schmerzhafte Stich einer Biene wird von uns anders betrach-*

Pflanzen für die Wildblumenwiese

Die meisten Wildblumen brauchen einen sonnigen Standort.
Der durchschnittliche Boden in der **Trockenwiese** ist nährstoffarm und wasserdurchlässig.
Der Boden in der **Fettwiese** ist halbtrocken und reichlich mit Nährstoffen versorgt. Die Fettwiese ist ungefähr die Wiesenart, die in den meisten Gärten vorkommt.

Deutscher Name / Botanischer Name	**Blütezeit (Monate)**	**Blütenfarbe**	**Wuchshöhe**	**Standort**	**Bedeutung für Tiere**
Bunte Kronwicke *Coronilla varia*	V – X	weiß, violett	bis 80 cm	Trockenwiese	Nektarblume; Futterpflanze für Schmetterlingsraupen
Gamanderehrenpreis *Veronica chamaedrys*	V – VII	blau	15 – 30 cm	Fettwiese	Pollen für Wildbienen
Gänseblümchen *Bellis perennis*	IV – X	weiß	bis 15 cm	Trockenwiese, Fettwiese	Nektar und Pollen für Schmetterlinge, Fliegen Wildbienen
Gewöhnliche Kugelblume *Globularia punctata*	V – IV	violett	10 – 30 cm	Trockenwiese, Trockenmauer, Dach	Nektar und Pollen für Schmetterlinge, Wildbienen, Hummeln
Gewöhnliche Schafgarbe *Achillea millefolium*	VI – X	weiß	bis 60 cm	Trockenwiese, Dach	Nektar und Pollen für Wildbienen, Käfer

Deutscher Name / Botanischer Name	Blütezeit (Monate)	Blütenfarbe	Wuchshöhe	Standort	Bedeutung für Tiere
Große Traubenhyazinthe *Muscari racemosum*	IV – VI	blau	10 – 20 cm	Trockenwiese, Dach	Nektarblume für Honigbienen, Hummeln, Zitronenfalter, Kleinen Fuchs
Hopfenklee *Medicago lupulina*	V – X	gelb	bis 50 cm	Trockenwiese	Nektar und Pollen für Schmetterlinge, Wildbienen, Hummeln
Hornklee *Lotus corniculatus*	V – X	gelb	bis 40 cm	Trockenwiese, Dach	Nektarblume für Hummeln, Bienen; Futterpflanze für Schmetterlingsraupen
Kugelige Teufelskralle *Phyteuma orbiculare*	V – VII	blau	15 – 30 cm	Trockenwiese	Nektar und Pollen für Schmetterlinge, Wildbienen, Hummeln
Vogelwicke *Vicia cracca*	VI – VIII	violett	bis 150 cm	Fettwiese	Nektar und Pollen für Hummeln, Wildbienen; Futterpflanze für Schmetterlingsraupen: Erbseneule, Goldene Acht; Samen für Grünfinken, Hänflinge

Deutscher Name / Botanischer Name	Blütezeit (Monate)	Blüten-farbe	Wuchshöhe	Standort	Bedeutung für Tiere
Weißes Leimkraut *Silene alba*	V – IX	weiß	bis 100 cm	Trockenwiese	wird hauptsächlich von Nachtfaltern bestäubt
Wiesenbocksbart *Tragopogon pratensis*	V – VIII	gelb	30 – 60 cm	Trockenwiese, Dach	Nektar und Pollen für Wildbienen, Grabwespen; Samen für Dompfaff, Grünfink, Distelfink
Wiesenflockenblume *Centaurea jacea*	VI – X	violett	bis 80 cm	Trockenwiese Fettwiese	Randblüten sind steril und locken Insekten an, die dann die inneren Blüten bestäuben
Wiesenglockenblume *Campanula patula*	V – VII	blau	20 – 50 cm	Trockenwiese, Fettwiese	Nektar und Pollen für Wildbienen, Hummeln, Schmetterlinge
Wiesenlabkraut *Galium mollugo*	V – IX	weiß	bis 80 cm	Trockenwiese, Fettwiese	der angenehme, süßliche Duft lockt Honigbienen an
Wiesenmargerite *Chrysanthemum leucanthemum*	V – IX	weißgelb	bis 100 cm	Fettwiese	Nektar und Pollen für Wildbienen und Käfer
Wiesenpippau *Crepis biennis*	V – IX	gelb	bis 100 cm	Trockenwiese, Fettwiese	Nektar und Pollen für Schmetterlinge, Fliegen, Wildbienen

Deutscher Name / Botanischer Name	Blütezeit (Monate)	Blütenfarbe	Wuchshöhe	Standort	Bedeutung für Tiere
Wiesenplatterbse *Lathyrus pratensis*	VI – VIII	gelb	bis 100 cm	Fettwiese	Nektar und Pollen für Wildbienen, Hummeln, Schmetterlinge
Wiesensalbei *Salvia pratensis*	V – IX	blau	40 – 60 cm	Trockenwiese, Fettwiese	Nektar und Pollen für Wildbienen, Hummeln
Wiesenwitwenblume *Knautia arvensis*	VI – VIII	lila	bis 80 cm	Trockenwiese, Fettwiese	Nektar für Hummeln, Schachbrettfalter, Scheckenfalter; Futterpflanze für Schmetterlingsraupen; Samen für Grünfink, Distelfink, Hänfling, Goldammer
Wilde Möhre *Daucus carota*	VI – IX	weiß	40 – 100 cm	Trockenwiese	Raupenfutterpflanze für Schwalbenschwanz
Zaunwicke *Vicia sepium*	V – VIII	violett	bis 80 cm	Trockenwiese	scheidet neben Blütennektar zuweilen auch Nektar aus Blattdrüsen aus, der bei Ameisen begehrt ist
Zittergras *Briza media*	V – VI	grün	bis 50 cm	Trockenwiese	

tet als der einer »aggressiven« Wespe. Wespen können so oft stechen, wie es ihnen beliebt. Honigbienen dagegen können nur einmal in ihrem Leben stechen, weil der Giftstachel an ihrer Hinterleibsspitze einen kleinen Widerhaken trägt, der in unserer Haut stecken bleibt und mitsamt der Giftdrüse herausgerissen wird. Es liegt deshalb nahe, dass eine Biene nur dann aggressiv wird, wenn sie sich in Gefahr befindet oder eine Bedrohung ihres Staates sieht.

In der Hierarchie eines sich entwickelnden Bienenstaates spielt eine Königin die dominierende Rolle. Sobald sie im Bienenstock aus ihrer speziellen Königinnenzelle geschlüpft ist, tötet sie die anderen noch in ihren Zellen (Weichselwiegen) eingeschlossenen Königinnen und begibt sich auf den Hochzeitsflug. Sie lässt sich von den Drohnen (zeitweise im Staat geduldete Männchen), die sie umschwirren, befruchten und legt im Laufe eines Jahres bis zu 150.000 Eier in sechseckig geformten Waben ab. Im komplizierten Gefüge eines Bienenstockes aber sorgt vor allem die große Schar der Arbeiterinnen unermüdlich für das reibungslose Funktionieren des Bienenstaates. Die Arbeiterinnen besitzen Wachsdrüsen und sind damit für den Bau der Waben zuständig. Sie tragen Pollen heran und füttern die sich entwickelnden Larven. Mit Orientierungstänzen machen sie andere Sammlerinnen auf neu entdeckte Nahrungsquellen in der Nähe ihres Bienenstockes aufmerksam. Sie arbeiten als Wächterinnen und Putzerinnen und legen Wintervorräte in Form von umgewandeltem Blütennektar, dem von uns begehrten Honig, an. Auch beim Füttern der Larven in den Zellen handeln sie mit einem verblüffenden Instinkt. Ausschlaggebend dafür, ob sich in der Zelle über das Larvenstadium eine der zahlreichen und kurzlebigen Arbeiterinnen oder eine neue Königin entwickelt, ist nämlich die Menge und Qualität der von ihnen verabreichten Nahrung. Arbeiterinnen im Larvenstadium werden demnach mit Normalnahrung versorgt. Larven, aus denen sich eine neue Königin entwickeln soll, erhalten schon in der Wiege eine Extrakost.

Veränderliche Krabbenspinne

Misumena vatia

Veränderliche Krabbenspinnen kommen auch in blumenreichen Naturgärten relativ häufig vor, was aber von vielen Gartenfreunden angezweifelt wird. Es darf angenommen werden, dass sie die »kostümierten« Tierchen einfach übersehen. Reife Weibchen der Krabbenspinnen haben nämlich eine besondere Fähigkeit. Sie können sich mit ihrer Körperfarbe an eine Blüte, in der sie auf Beute lauern, perfekt anpassen und sind dann praktisch »unsichtbar«. Dabei schwankt das Spektrum ihrer Tarnfarben zwischen Gelb und Weiß. Weißtöne werden beim Anpassungsvorgang an die jeweilige Blütenfarbe von so genannten Guaninkristallen in den tiefer liegenden Körperzellen der Spinnenweibchen erzeugt, Gelbtöne hingegen von einer Flüssigkeit in den mehr an der Oberfläche liegenden Zellen. Auf diese Weise werden selbst größere Beutetiere wie Hummeln oder Wespen von der Spinne überlistet. Wenn sie das Spinnenweibchen entdecken, das mit ausgebreiteten »Fangarmen« auf sie lauert, ist es meist schon zu spät. Ein Giftbiss in ihre weichen Körperteile tötet sie in kürzester Zeit, verflüssigt gleichzeitig ihr Inneres, und das Spinnenweibchen beginnt, sie auszusaugen.

• Trockenmauern

Trockenmauern im Garten sind für viele Tiere ein geschätzter Ersatzlebensraum. Die früher üblichen Steinhaufen am Feldrand sind heute verschwunden. Viele Hang- oder Stützmauern in Weinbergen wurden durch »Flurbereinigungsmaßnahmen« abgetragen oder durch das ständige Besprühen mit Insektiziden vergiftet und für Tiere unbewohnbar gemacht.

Mit Geschick und Phantasie gebaut, kann eine Trockenmauer nicht nur ein neuer Wohnraum für Tiere, sondern auch ein Zierstück im Garten werden. Zum Bepflanzen der Mauer bieten sich viele attraktive Arten an. Sie benötigen kaum Nährstoffe und gedeihen dort am besten, wo es sonnig und trocken ist. Im Gegensatz zu vermörtelten Mauern haben Trockenmauern zahlreiche Hohlräume und Ritzen, und das macht sie für Tiere interessant. Sie sind bevorzugte Lebensräume für Eidechsen, Spitzmäuse, Schnecken, Spinnen und Insekten. Aber auch Vögel wie Grauschnäpper, Gartenrotschwanz oder Zaunkönig können Löcher in höheren Trockenmauern als Nistplatz nutzen. Wenn größere Löcher nicht vorhanden sind, kann man vorgefertigte Halbhöhlensteine in die Mauer einbauen. In gleicher Weise lassen sich Lochsteine in die Mauer einfügen. So entsteht ein Wohnraum für Wildbienen, Hummeln oder Wespen. Die feuchten und kühlen Bodenbereiche der Mauer sind ideale Tagesverstecke für Kröten, Salamander oder Molche, die erst nachts zum Vorschein kommen, wenn die Sonne ihre empfindliche Haut nicht mehr austrocknen kann. Wärmeliebende Tiere lassen sich dagegen tagsüber zwischen den von der Sonne aufgeheizten Steinen beobachten. Mauereidechsen nehmen hier ihr Sonnenbad, winzige Springspinnen halten Ausschau nach kleinen Beutetieren. Die Ritzen und Fugen in der Mauer sind gleichermaßen Brutstätten, Verstecke, Jagdreviere oder Überwinterungsplätze. Steinhummeln legen hier ihre Baue an, Asseln verkriechen sich im düsteren, feuchten Ganglabyrinth, Trichterspinnen bauen ihre Gespinstfallen, Wolfsspinnen und Weberknechte streifen bei der Nahrungssuche umher.

Wie man eine Trockenmauer im Garten baut

Eine Trockenmauer kann auch im Garten zu einem attraktiven Blickfang werden. Voraussetzungen sind allerdings sorgfältige Planung, Geschick und Phantasie. Da die in Gartencentern angebotenen Natursteine zum Teil unglaublich teuer sind, sollte man eventuell nach anderen Möglichkeiten der Materialbeschaffung Ausschau halten. Tiefbau- und Steinbruchunternehmen oder auch Bauschuttdeponien sind hier oft eine geeignete, preiswerte Quelle. Wichtig ist jedoch, dass beim Steinkauf kein Sammelsurium entsteht. Ansonsten bleibt es dem persönlichen Geschmack überlassen, ob man sich für Granit, Quarze, Schiefer, Feldsteine oder anderes entscheidet.

Für Trockenmauern kommt in der Regel die sonnenexponierte Südseite des Gartens infrage. Man kann die Mauer freistehend oder bei

Trockenmauern können als Stützmauer (oben) oder freistehend (unten) angelegt werden.

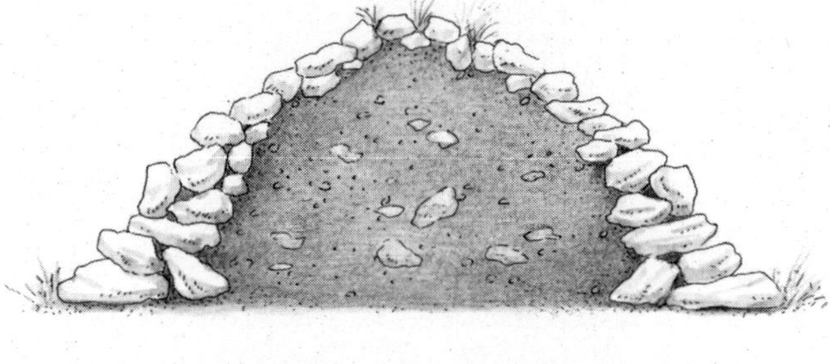

Pflanzen für Trockenmauern und Steinfluren

Deutscher Name / Botanischer Name	Blütezeit (Monate)	Blütenfarbe	Wuchshöhe	Bedeutung für Tiere
Alpendistel *Carduus defloratus*	V – VIII	purpur	bis 80 cm	Nektar, Pollen für Schmetterlinge, Hummeln; Samen: Vogelnahrung
Alpensonnenröschen *Helianthemum alpestre*	VI – VIII	gelb	5 – 10 cm	Nektar und Pollen für Schmetterlinge und Wildbienen
Bergbaldrian *Valeriana montana*	V – VII	rosa	bis 40 cm	Nektar und Pollen für Käfer und Schmetterlinge
Blauer Enzian *Gentiana acaulis*	VI – VIII	azurblau	5 – 10 cm	Nektar und Pollen für Hummeln, Schmetterlinge, Wildbienen
Blauer Lattich *Lactuca perennis*	V – VI	blau	bis 60 cm	Nektar und Pollen für Fliegen, Wildbienen, Käfer
Christrose *Helleborus niger*	XII – III	weißrosa	10 – 30 cm	Nektar und Pollen für Hummeln, Wildbienen, Fliegen
Echte Hauswurz *Sempervivum tectorum*	VII – IX	rot	bis 50 cm	Nektar und Pollen für Hummeln, Wildblumen, Fliegen
Dickblättrige Fetthenne *Sedum dasyphyllum*	VI – VIII	weißrosa	5 – 20 cm	Nektar und Pollen für Fliegen, Schmetterlinge, Wildbienen

Deutscher Name / Botanischer Name	Blütezeit (Monate)	Blütenfarbe	Wuchshöhe	Bedeutung für Tiere
Felsengelbstern *Gagea bohemica*	III – IV	gelb	bis 10 cm	Nektar für Wildbienen und Hummeln
Felsenleimkraut *Silene rupestris*	VI – IX	weiß	bis 30 cm	Nektar und Pollen für Käfer, Schmetterlinge, Hummeln
Gefleckte Flockenblume *Centaurea maculosa*	VI – IX	violett	30 – 60 cm	Nektar und Pollen für Hummeln, Schmetterlinge, Wildbienen
Gewöhnliche Grasnelke *Armeria maritima*	VI – IX	karmin	bis 50 cm	Nektar und Pollen für Schmetterlinge und Wildbienen
Gewöhnliche Kugelblume *Globularia punctata*	V – VI	violett	bis 30 cm	Nektar und Pollen für Hummeln, Schmetterlinge, Wildbienen
Gelber Lerchensporn *Corydalis lutea*	V – X	gelb	10 – 20 cm	Nektar und Pollen für Hummeln, Honigbiene, Wildbienen
Gewöhnlicher Thymian *Thymus pulegioides*	VI – X	rosa	5 – 20 cm	Nektarquelle; Raupenfutterpflanze für Thymian-Widderchen, Schwarzgefleckten Bläuling
Hirschzunge *Phyllitis scolopendrium*	immergrüner Farn		bis 60 cm	

Deutscher Name / Botanischer Name	Blütezeit (Monate)	Blütenfarbe	Wuchshöhe	Bedeutung für Tiere
Immergrünes Felsenblümchen *Draba aizoides*	IV – VI	leuchtend-gelb	bis 15 cm	Nektar und Pollen für Schmetterlinge, Wildbienen
Weg-Malve *Malva neglecta*	VI – X	rosa	10 – 40 cm	Nektar und Pollen für Hummeln, Schmetterlinge, Wildbienen; Samen: Vogelnahrung
Kaukasus-Fetthenne *Sedum spurium*	VII – VIII	lilarosa	bis 20 cm	Nektar und Pollen für Hummeln, Schmetterlinge, Wildbienen
Mauerraute *Asplenium ruta-muraria*	halbimmergrüner Farn		5 – 20 cm	
Rauer Alant *Inula hirta*	VI – X	gelb	bis 50 cm	Nektar und Pollen für Fliegen, Schmetterlinge, Hummeln
Rote Taubnessel *Lamium purpureum*	III – X	purpur	10 – 30 cm	die einjährige Pflanze hat für Insekten einen besonderen Wert als Nektarquelle
Ruprechtskraut *Geranium robertianum*	V – X	rosa	bis 50 cm	Nektar und Pollen für Fliegen, Schmetterlinge, Wildbienen

Deutscher Name / Botanischer Name	Blütezeit (Monate)	Blütenfarbe	Wuchshöhe	Bedeutung für Tiere
Sandstrohblume *Helichrysum arenarium*	VII – X	gelb	10 – 30 cm	Nektar und Pollen für Wildbienen, Käfer
Scharfer Mauerpfeffer *Sedum acre*	VI – VII	gelb	5 – 15 cm	nektarreiche Blüten für Wildbienen, Schmetterlinge; Samen: von Ameisen begehrt
Steinnelke *Dianthus sylvestris*	VII – IX	rosa	bis 40 cm	Nektarblume für Wildbienen, Schmetterlinge
Weißer Alpenmohn *Papaver sendtneri*	VII – VIII	weiß	bis 15 cm	Nektar und Pollen für Fliegen, Wildbienen, Hummeln
Weißer Mauerpfeffer *Sedum album*	VI – VII	weiß	bis 20 cm	Nektarblume; Raupenfutterpflanze für Apollofalter
Zwergglockenblume *Campanula cochleariifolia*	VI – VIII	blau	5 – 15 cm	Nektar und Pollen für Hummeln und Wildbienen; Futterpflanze für Schmetterlingsraupen
Zwergschwertlilie *Iris pumila*	IV – V	blauviolett	bis 10 cm	Nektar und Pollen für Fliegen, Schmetterlinge, Wildbienen

entsprechender Hanglage ähnlich wie eine Stützmauer im Weinberg errichten.

Damit die Mauer auf sicherem Fundament steht, sollte man (im Umfang etwas größer als die geplante Mauer) eine Grube von etwa dreißig Zentimetern ausheben und sie mit grobem Kies oder Schotter auffüllen. Über den verdichteten Kies oder Schotter kommt noch eine flache Sandauflage; darauf die ersten Steine. Die Mauer sollte in einem zurückweichenden Winkel von zehn bis fünfzehn Grad angelegt werden. Die größeren Steine kommen nach unten, nach oben hin werden sie kleiner. Für den mittleren Bereich einer freistehenden Trockenmauer sowie den hinteren Teil einer Mauer in Hanglage verwendet man durchlässiges Baumaterial wie Steinbruch, Kies oder Schotter. Dahinter werden dann die Steine leicht geneigt nach hinten und ohne die Verwendung von Füllmaterial aufgeschichtet, so dass letztlich eine stabile Mauer aus lose aufeinander liegenden Steinen entsteht. Man muss also immer wieder die passende Steinwahl treffen und zwischendurch die höher werdende Mauer auf ihre Standfestigkeit prüfen.

Da die Nischen und Spalten in der Trockenmauer ja auch als Unterschlupfmöglichkeiten für Tiere gedacht sind, sollte man zum Schluss nur einen Teil der Fugen mit einem Gemisch aus Komposterde und Sand verfüllen. Hier ist Platz für viele attraktive Pflanzenarten, von denen wir einige schon aus dem Steingarten kennen. Nun gibt es noch reichlich freie Lücken für Spinnen, Insekten, Schnecken, Spitzmäuse und Eidechsen, die schon bald den neuen Lebensraum erobern werden.

Brut- und Nistmöglichkeiten für Vögel und Insekten, die in eine Trockenmauer eingefügt werden, kann man selbst bauen oder vorgefertigt kaufen (Bezugsquelle im Anhang Seite 172).

Falsche Mäuse in der Trockenmauer:

Spitzmäuse

Soricidae

Spitzmäuse tragen ihren Namen zu Unrecht. Sie sind keine Nagetiere und somit auch keine echten Mäuse, wie Flughunde keine richtigen Hunde oder Seelöwen keine richtigen Löwen sind. Mit den echten Mäusen ha-

ben Spitzmäuse allerdings eines gemeinsam: Sie sorgen für reichliche Nachkommenschaft. Oft erwarten die Weibchen schon den nächsten Wurf, wenn die zuvor geborenen Jungen gerade erst für sich selbst sorgen können. Damit bei Ausflügen aus dem Nest keiner der heranwachsenden Winzlinge verloren geht, haben Spitzmäuse eine im Tierreich wohl einmalige Verhaltensweise entwickelt: Sie haken sich mit den Zähnen aneinander. Ein Jungtier packt die Mutter am Schwanzansatz, der Rest der Sippe hängt sich in gleicher Weise an die nachfolgenden Geschwister. So entsteht eine regelrechte »Spitzmauskette«, die von der Mutter sicher an ein Ziel geleitet wird. Diese Karawanenbildung hängt auch damit zusammen, dass Spitzmäuse nicht besonders gut sehen können. Als nachtaktive Tiere verlassen sie sich eher auf ihr Gehör und ihre sensiblen Haare ums rüsselartige Maul, mit denen sie selbst Luftdruckwellen wahrnehmen können. Mit Hilfe dieser »Sensoren« hat beispielsweise die Feldspitzmaus Crocidura leucodon *die Chance, einer jagenden Schleiereule bei völliger Dunkelheit zu entkommen.*

Die Gartenspitzmaus Crocidura suaveolens *wird in einer Trockenmauer genügend Schlupfwinkel für ihre Kinderstube finden. Man muss deshalb aber keine Furcht vor einer Mäuseplage haben, weil Gartenspitzmäuse ohnehin dauerhaft nur in Revieren bleiben, in denen es genügend fleischliche Nahrung gibt. Die hungrigen Zwerge fressen nämlich fast unentwegt – täglich fast die Menge ihres Körpergewichtes. Das kann nur jeden Gärtner freuen, weil es sich bei der Spitzmausbeute hauptsächlich um Insekten und Schnecken handelt.*

Die Hausspitzmaus Crocidura russula *lebt wie die Gartenspitzmaus tagsüber zurückgezogen unter Reisig- und Komposthaufen oder im Ganggewirr von Trockenmauern. Zu Beginn der kalten Jahreszeit ziehen sich Hausspitzmäuse aber in geeignete Winkel in Kellern, Schuppen und Ställen zurück. Trotz moderner Bau- und Isoliertechnik an unseren Häusern kann es hin und wieder vorkommen, dass sie auch in unsere Wohnbereiche eindringen. Bei aller Tierliebe werden wir dann wohl versuchen, sie so schnell wie möglich wieder loszuwerden. Am besten nach altbewährter Methode: mit Speck. Und natürlich auf tierfreundliche Art: mit einer Lebendfalle.*

• Gartenteich

Obwohl die Gesamtfläche unserer Gartenteiche schon heute größer ist als die vergleichbarer Naturgewässer, bieten wohl die wenigsten Gartenteiche einen echten Ersatz für die zahllosen natürlichen Weiher und Tümpel, die den Entwässerungs- und Baumaßnahmen oder der puren Unvernunft progressiver Landschaftsplaner zum Opfer gefallen sind. Gartenteiche als Asyl für bedrohte Tierarten anzulegen, hat im Grunde genommen nur dort einen Sinn, wo eine Zuwanderung solcher Tiere möglich ist. An naturnahen Gartenteichen inmitten großer Innenstädte wird man demzufolge vergeblich auf Frösche, Molche oder Salamander warten. Man darf allenfalls auf einfliegende Wasserinsekten hoffen. Doch auch hierbei wird es sich meist um Libellenarten wie die Blaugrüne Mosaikjungfer oder die Gemeine Heidelibelle handeln, die weit umherschweifen und an fast jedem Gewässertyp zu finden sind. Da aber der Verlust natürlicher Feuchtbiotope weiter voranschreitet und so Tierarten, die in ihrem Bestand noch nicht gefährdet sind, zunehmend auf künstlich angelegte Kleingewässer angewiesen sind, erfüllt auch ein Gartenteich im Großstadtmilieu in begrenztem Maße seinen Sinn als »natürliches« Ersatzgewässer. Mit dem Anlegen eines Gartenteiches bringen wir aber in jedem Falle ein Stück ganz besondere Natur in unseren Garten. Wasser hat für die meisten Menschen eine fast magische Anziehungskraft und beim Beobachten der Naturabläufe im Gartenteich stellen sich Ruhe und Zufriedenheit ein.

Leben über und unter der Wasseroberfläche

Der Gartenteich ermöglicht die Ansiedlung von attraktiven Sumpf-, Schwimm- und Unterwasserpflanzen und mit ihnen stellt sich eine neue, lebendige Tierwelt im Garten ein. Auf der Wasseroberfläche lebende Arten wie Wasserläufer gehören ebenso dazu wie Wasserwanzen oder Wasserkäfer, die sich im Teich verbergen und nur zum Luftholen an die Wasseroberfläche kommen. Der Teich kann ein ständiger Lebensraum für den Teichfrosch sein, während ihn andere Amphibien wie der Grasfrosch oder die Erdkröte nur als Laichplatz nutzen und die restliche Zeit des Jahres auf dem Trockenen verbringen. Für unsere Augen kaum wahrnehmbar beginnt in den Flachwasser- und Tiefenzonen des Teiches die Welt des Planktons, einer Vielzahl frei schwebender pflanzlicher und tierischer Organismen wie Bakterien, Gold-, Grün- oder Kieselalgen. Wie andere Grünpflanzen auch, bauen Algen unter Einwirkung des Sonnenlichts aus Kohlendioxyd und Wasser organische Substanzen auf. Sie produzieren und speichern ihre eigenen Nährstoffreserven. Gleichzeitig wird bei diesem biochemischen Vorgang, der Photosynthese, das gewichtige »Nebenprodukt« Sauerstoff freigesetzt, ohne den das Leben im Teich und generell auf der Erde überhaupt nicht möglich wäre. Zudem bildet das große Heer einzelliger Algen das erste Glied einer langen Nahrungskette. Kleintiere, die erst unter dem Mikroskop erkennbar werden, wie etwa Pantoffeltierchen, verzehren Kieselalgen in großen Mengen. Sie wiederum werden von Wassertieren verspeist, die wir bereits unter der Wasseroberfläche erkennen können, etwa von Wasserflöhen. Wasserflöhe sind Nahrung für Kleinlibellenlarven. Kleinlibellenlarven werden von Stichlingen oder räuberischen Wasserkäfern gefressen. Algen sind also lebenswichtig für den Teich und schaden ihm nur, wenn sie sich unverhältnismäßig stark vermehren.

Unter den Blättern von Schwimmblattpflanzen halten sich winzige Krebse, Würmer und Kaulquappen verborgen. An den Pflanzenstängeln haben sich Tiere festgesetzt, die sich nicht fortbewegen können wie Polypen oder Schwämme. In der Sumpfzone des Teiches stehen viele Pflanzen, die mit ihren Blättern Sauerstoff aus der Luft aufnehmen und über die Stängel nach unten zu den Wurzeln leiten. Stabwanzen, Wasserskorpione und Schilfkäfer haben in den Pflanzenstängeln ihre Eier abgelegt, wo sie sich, gut beschützt und mit Atemluft versorgt, entwickeln. Andere Tiere gehören zur Putztruppe des Teiches und sorgen mit dafür, dass er nicht aus seinem biologischen Gleichgewicht gerät. Wasserasseln und Schnecken ernähren sich von Schwebstoffen und kleinen toten Tieren. Köcherfliegenlarven bauen sich aus abgestorbenen Pflanzenteilen ein schützendes Gehäuse. Zu beschreiben, was alles im Teich geschieht, wäre wahrscheinlich gar nicht möglich. Dafür ist die Anzahl der Lebewesen im Teich zu groß und die Wechselbeziehungen, die zwischen Pflanzen und Tieren bestehen, zu vielseitig.

Das Umfeld beeinflusst den Gartenteich

Ein naturnah gestalteter Teich in ländlichen Gebieten hat weitaus bessere Chancen, Anschluss an die Naturabläufe in seiner Umgebung zu finden. Technische Geräte wie Filter oder Wasserfontänen haben in einem solchen Teich allerdings nichts verloren. Der Teich muss eine natürliche Entwicklung nehmen und nach und nach von Organismen besiedelt werden, die ihm das »ökologische Gleichgewicht« verschaffen und somit die Möglichkeit zur Selbsterhaltung und Selbstreinigung. Der Teich sollte eine Tiefenzone von wenigstens einem Meter haben, um Fröschen, Libellenlarven oder Wasserkäfern selbst in langen Frostperioden das Überleben zu ermöglichen. Strenge geometrische Formen sollten bei der Teichgestaltung vermieden werden; hier zeigt uns die Natur die besten Vorbilder. Flachwasserzonen, Sumpfzonen und Buchten ermöglichen den Besatz mit attraktiven einheimischen Pflanzen und bieten so vielen Tierarten geeignete Laichplätze und Verstecke.

Tiere müssen von selbst kommen

Naturnah angelegte Teiche brauchen auch innerhalb des Gartens eine »natürliche« Umgebung. Wo Frösche, Molche, Spinnen, Libellen und viele andere Kleintiere eine neue Heimat finden sollen, muss man auch ein gewisses Maß an »Wildwuchs« tolerieren. Exotische Fischarten, die zudem gefüttert werden müssen, wie Goldfische, Goldorfen und Ähnliche, gehören nicht in einen naturnah angelegten Gartenteich. Futterreste und Fischkot bringen mehr Nährstoffe ins Wasser, als verträglich ist. Eine erhöhte Algenbildung und schließlich der Zusammenbruch des ökologischen Gleichgewichts wären die zwangsläufigen Folgen. Bei sehr großen Naturteichen kann man allenfalls den mäßigen Besatz mit einheimischen Kleinfischen wie Moderlieschen (die im Fachhandel aus Nachzüchtungen erhältlich sind) in Erwägung ziehen.

Alle anderen Tierarten müssen sich von selbst einstellen und dann entscheiden, ob sie unser Angebot annehmen oder sich wieder entfernen. Zwangsansiedlungen von Amphibien oder das Einbringen von deren Laich im Gartenteich ist verboten und widerspricht unserem

Anliegen, der bedrohten Tierwelt helfen zu wollen. Schon mancher Grasfrosch oder Molch, der in einem Gartenteich eingesetzt wurde und dem es darin nicht gefallen hat, wurde bei seiner Suche nach einem anderen Revier auf der Straße totgefahren.

Der naturnahe Gartenteich (Planen – Anlegen)

Man sollte einen Platz wählen, der wenigstens fünf Stunden täglich von der Sonne beschienen wird, aber möglichst nicht in der heißen Mittagszeit.

Zu viel Schatten bringt viele Pflanzen nicht zum Blühen. Zu viel Sonne erhöht die Wassertemperatur auf unnatürliche Werte. Das Sauerstoffaufkommen wird dann reduziert, der Algenwuchs gefördert.

Hohe Bäume in unmittelbarer Nähe des Teiches halten den Regen ab. Starker Laubeinfall im Herbst belastet den Teich mit zu viel organischem Material und erschwert vielen Wasserbewohnern das Leben.

Durch Baumwurzeln kann es beim Ausschachten der Teichgrube Probleme geben. Der Wurzelbereich vieler Bäume (beispielsweise von Birken) kann mitunter in einem weiten Umkreis verlaufen.

Beim Ausheben der Teichgrube sollte darauf geachtet werden, dass eine Tiefenzone von wenigstens einem Meter Tiefe entsteht (Steilufer möglichst vermeiden). Eine buchtenreiche Teichrandgestaltung mit Flachwasser- und Sumpfzonen ermöglicht eine artenreiche Bepflanzung. An solchen Stellen finden viele Teichbewohner geeignete Verstecke oder Möglichkeiten zur Eiablage. Ins Wasser gefallene Tiere können hier leicht den Ausstieg finden.

Die verwendete Folie muss lichtbeständig sein, also den UV-Strahlen der Sonne dauerhaft standhalten. Sie darf vom Druck nachwachsender Baumwurzeln nicht durchlöchert werden, muss verrottungsfest und kältebeständig bis mindestens minus 30 °C sein.

Für die Teichrandgestaltung bieten sich Materialien wie Natursteinplatten, Bruchsteine, Findlinge, Kiesel oder Rund- und Kanthölzer an (keine chemisch vorbehandelten Hölzer wie Eisenbahnschwellen verwenden).

Libellen am Gartenteich – die häufigsten Arten

Großlibellen (*Anisoptera*) Deutscher Name / Zoologischer Name	Flugzeit	Entwicklungsdauer der Larven	Art der Eiablage	bevorzugte Pflanzen
Blaugrüne Mosaikjungfer *Aeshna cyanea*	VII – X	2 Jahre		abgest. Wasserpflanzen, Moos, Moderholz u. Ä.
Blutrote Heidelibelle *Sympetrum sanguineum*	VII – IX	Libellen schlüpfen im Jahr nach der Eiablage	erfolgt im Flug	
Gewöhnliche Heidelibelle *Sympetrum vulgatum*	VII – XI	Libellen schlüpfen im Jahr nach der Eiablage	erfolgt im Flug	
Gewöhnlich Smaragdlibelle *Cordulia aenea*	V – VIII	2 – 3 Jahre	erfolgt im Flug	
Große Königslibelle *Anax imperator*	V – IX	1 – 2 Jahre		Laichkraut, Wasserpest, Hornblatt, Tausendblatt
Großer Blaupfeil *Orthetrum cancellatum*	V – VIII	3 Jahre	erfolgt im Flug	
Plattbauch *Libellula depressa*	V – VII	2 Jahre		Wasserschlauch, Wasserfeder, Wasserhahnenfuß
Vierfleck *Libellula quadrimaculata*	V – VII	2 Jahre	erfolgt im Flug	

Kleinlibellen (*Zygoptera*) Deutscher Name / Zoologischer Name	Flugzeit	Entwicklungsdauer der Larven	Art der Eiablage	bevorzugte Pflanzen
Becher-Azurjungfer *Enallagma cyathigerum*	V – IX	Libellen schlüpfen im Jahr nach der Eiablage	Weibchen legen Eier oft unter Wasser an Wasserpflanzen ab	
Federlibelle *Platycnemis pennipes*	VI – IX	Libellen schlüpfen im Jahr nach der Eiablage		Blütenstiele von Wasserpflanzen; bevorzugt Gelbe Teichrose
Frühe Adonislibelle *Pyrrhosoma nymphula*	V – VIII	1 – 3 Jahre		Hornblatt, Laichkraut, Wasserminze, Froschblatt, Hahnenfuß
Große Pechlibelle *Ischnura elegans*	V – IX	2 – 3 Jahre		Tausendblatt
Großes Granatauge *Erythromma najas*	V – VIII	Libellen schlüpfen im Jahr nach der Eiablage	Weibchen legen Eier oft unter Wasser an Schwimmblattpflanzen ab	
Gewöhnliche Binsenjungfer *Lestes sponsa*	VI – IX	Libellen schlüpfen im Jahr nach der Eiablage		Binsen, Schilf

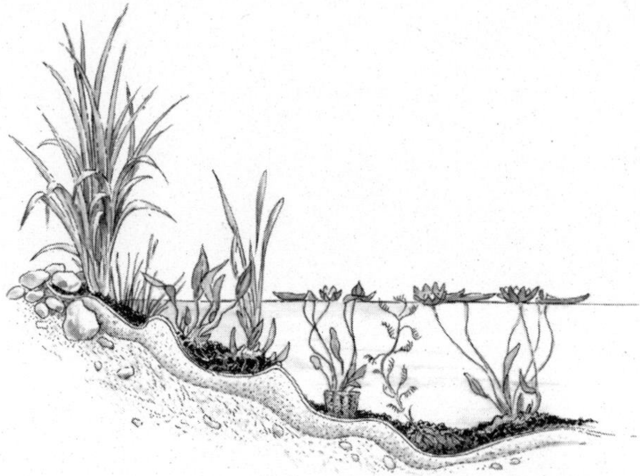

Unterschiedliche Tiefenbereiche (Sumpf-, Flachwasser- und Schwimmblattzonen) bieten Lebensräume für verschiedene Pflanzen und Tiere.

Humuserde, die meist im Garten zur Verfügung steht, ist als Teichgrund ungeeignet. Als Pflanzgrundlage im Gartenteich sollte ein mageres Gemisch aus etwa drei Viertel Lehmerde und einem Viertel Sand verwendet werden.

Probleme im Gartenteich wie ein unnatürlich hohes Algenaufkommen hängen oft mit einer falschen Grundbepflanzung zusammen. Schwimmblattpflanzen wie Gewöhnlicher Froschbiss oder Schwimmendes Laichkraut reduzieren den Lichteinfall aufs Wasser und wirken dem Algenwuchs entgegen. Große biologische Reinigungskraft besitzen auch die untergetaucht lebenden Wasserpflanzen (aquatische Arten), denen beim Bepflanzen eines Gartenteiches oft zu wenig Beachtung geschenkt wird. Sie sind nicht nur Sauerstofflieferanten, sondern auch ein biologisches Filtrier-System, weil sich an ihren Blättern Schwebstoffe sammeln und festgehalten werden.

Das recht komplexe Thema »Gartenteich« kann an dieser Stelle nur grob umrissen werden (Hinweise auf weiterführende Literatur finden Sie im Anhang dieses Buches, siehe Seite 164).

Kleine Teiche für kleine Gärten

Ein großer und tiefer Gartenteich hat ökologische Vorteile, die sich nicht von der Hand weisen lassen. Aber in vielen Gärten gibt es das Gebot der Beschränkung, denn der Platz für einen großen Gartenteich ist nicht vorhanden. Besitzer von kleinen Grundstücken müssen deshalb aber nicht auf einen Gartenteich verzichten. Es gibt schließlich auch in der Natur genügend Beispiele für Kleingewässer, in denen das Leben pulsiert, vom Moortümpel angefangen, über das Wasserloch in einer Wiese oder den Miniteich, der sich in einer Fahrspur auf dem Waldweg gebildet hat. In einen kleinen Gartenteich mit geringer Wassertiefe sollte man aber keine Fische einsetzen, selbst wenn es sich dabei nur um kleine Arten wie Stichlinge, Moderlieschen oder Elritzen handelt. Auch in der Natur frieren Kleingewässer im Winter oft bis zum Grund durch und vernichten die dort lebenden Libellenlarven, Fische oder Amphibien. Das ist ein durchaus normaler Naturvorgang. Die Fischleichen, die mit der abtauenden Eisdecke in unserem Gartenteich auftauchen, wären dementsprechend die Opfer unserer Unvernunft.

Für den Bau kleiner Gartenteiche bieten sich sowohl Teichfolie als auch Fertigbecken aus Kunststoff an. Fertigbecken haben in diesem Fall den Vorteil, dass die Rundungen und Pflanzzonen bereits geformt sind. Eine Folie kann bei kleinen Teichen, wo es in den Kurven und Pflanzbereichen ziemlich eng wird, sehr viele Falten werfen, die dann schwer zu glätten sind oder durch Steine oder Ähnliches kaschiert werden müssen.

Kleine Teiche lassen sich im Garten eigentlich überall anlegen: im ebenen Gartenboden, auf einem Hügel, im Vorgarten oder sogar auf einer Terrasse. Wo es ganz eng ist, kann ein Miniteich sogar auf einem Balkon Platz finden. Hierzu eignen sich Holzfässer, Steintröge, alte Zinkwannen und dergleichen.

Behälter, die nicht wasserdicht sind, werden vorher mit Folie ausgeschlagen. Behältnisse, die außen hässlich sind, kann man mit Baumrinde oder Ähnlichem »verkleiden« oder hinter Natursteinen oder Baumstämmen »verstecken«. Auch Miniteiche können ohne Technik auskommen. Pumpen und Filter sind überflüssig, wenn man sie richtig bepflanzt.

Pflanzen für den Sumpf- und Uferbereich

Deutscher Name / Botanischer Name	Standort-bedingungen	Wassertiefe	Blütezeit (Monate)	Blüten-farbe	Besonderes
Ästiger Igelkolben *Sparganium erectum*	sonnig, halbschattig	0 – 20 cm	VI – VIII	weiß, grün	neigt zum Wuchern
Bachbunge *Veronica beccabunga*	sonnig, halbschattig	0 – 5 cm	VI – VIII	blau	bodenbedeckende Pflanze, die im Uferbereich über unschöne Teichränder wachsen kann
Blutweiderich *Lythrum salicaria*	sonnig, halbschattig	0 – 20 cm	VI – VIII	purpurrot	Höhe bis 150 cm
Blutwurz *Potentilla erecta*	sonnig	0 cm	VI – VII	gelb	
Gewöhnlicher Froschlöffel *Alisma plantago-aquatica*	sonnig	0 – 20 cm	V – VIII	weiß	im Flachwasser höher (bis 80 cm) als am Feuchtstandort

Deutscher Name / Botanischer Name	Standort-bedingungen	Wassertiefe	Blütezeit (Monate)	Blüten-farbe	Besonderes
Gewöhnlicher Wassernabel *Hydrocotyle vulgaris*	sonnig	0 – 10 cm	VI – VIII	weiß, rosa	
Kuckucks-Lichtnelke *Lychnis flos-cuculi*	sonnig, halbschattig	0 cm	III – V	rosa	auch geeignet für etwas trockenere Standorte
Mädesüß *Filipendula ulmaria*	sonnig, halbschattig	0 – 30 cm	VI – VIII	weiß	Hochstaude (bis 150 cm)
Pfennigkraut *Lysimachia nummularia*	sonnig, halbschattig	0 – 1 cm	V – VII	gelb	rasch wachsende Pflanze, die größere Flächen, aber auch unschöne Teichränder bedecken kann
Schilf *Phragmites australis*	sonnig, halbschattig	0 – 30 cm	VII – IX	rötlich grün	Höhe bis 2 m; bietet an größeren Gartenteichen vielen Tierarten geeignete Lebensräume

Deutscher Name / Botanischer Name	Standort-bedingungen	Wassertiefe	Blütezeit (Monate)	Blüten-farbe	Besonderes
Schmalblättriges Wollgras *Eriophorum angustifolium*	sonnig	0 – 10 cm	IV – VII	weiß	Naturstandort: Moor
Sumpfblutauge *Potentilla palustris*	sonnig	0 – 20 cm	VI – VIII	rot	Naturstandort: Hoch- / Niedermoor
Sumpfdotterblume *Caltha palustris*	sonnig, halbschattig	0 – 10 cm	IV – V	gelb	
Sumpfschachtelhalm *Equisetum palustre*	sonnig	0 – 30 cm	VII – VIII		verbreitet sich stark; für kleinere Teiche wenig geeignet
Sumpf-Storchschnabel *Geranium palustre*	halbschattig	0 – 2 cm	V – VIII	rotviolett	
Sumpf-Vergissmeinnicht *Myosotis palustris*	sonnig, halbschattig	0 – 5 cm	VI – IX	blau	
Wasserdost *Eupatorium cannabium*	sonnig, halbschattig	0 cm	VII – IX	rot	Hochstaude (bis 150 cm)

Deutscher Name / Botanischer Name	Standort-bedingungen	Wassertiefe	Blütezeit (Monate)	Blüten-farbe	Besonderes
Wasser-Schwertlilie *Iris pseudacorus*	sonnig, halbschattig	0 – 20 cm	V – VI	gelb	gedeiht auch am immerfeuchten Teichrand in mit Kompost versetzter schwerer Gartenerde
Wechselblättriges Milzkraut *Chrysosplenium alternifolium*	sonnig, halbschattig	0 – 20 cm	III – V	gelb	
Wiesenknöterich *Polygonum bistorta*	sonnig, halbschattig	0 – 10 cm	V – VII	rosa	
Wiesenschaumkraut *Cardamine pratensis*	sonnig, halbschattig	0 cm	IV – VI	weißrosa	
Wiesen-Schwertlilie *Iris sibirica*	sonnig	0 – 2 cm	V – VI	blauviolett	

Untergetaucht lebende Wasserpflanzen

Deutscher Name / Botanischer Name	Standort-bedingungen	Wassertiefe	Blütezeit (Monate)	Blütenfarbe
Dichtblättriges Laichkraut *Potamogeton densus*	sonnig	20 – 50 cm	VI – VIII	Blüte unscheinbar
Dreifurchige Wasserlinse *Lemna trisulca*	sonnig, halbschattig	10 – 20 cm	V – VI	Blüte unscheinbar
Gewöhnlicher Wasserschlauch *Utricularia vulgaris*	sonnig, halbschattig	30 – 50 cm	VI – VIII	gelb
See-Brachsenkraut *Isoetes lacustris*	sonnig, halbschattig	30 – 50 cm	VII – VIII	
Kanadische Wasserpest *Elodea canadensis*	sonnig, halbschattig	20 – 80 cm	VII – VIII	hellrosa, weiß

Deutscher Name / **Botanischer Name**	**Standort-** **bedingungen**	**Wassertiefe**	**Blütezeit** **(Monate)**	**Blütenfarbe**
Kleines Laichkraut *Potamogeton pusillus*	sonnig	20 – 40 cm	VII – VIII	
Raues Hornblatt *Ceratophyllum demersum*	sonnig, halbschattig	bis 150 cm	VI – IX	Blüte untergetaucht
Wasseraloe **(Krebsschere)** *Stratiotes aloides*	sonnig, halbschattig	30 – 80 cm	V – VII	weiß
Wasserfeder *Hottonia palustris*	sonnig	15 – 30 cm	V – VI	hellrosa, weiß
Wasser-Hahnenfuß *Ranunculus aquatilis*	sonnig, halbschattig	5 – 20 cm	VI – VIII	weiß
Wirtelförmige Grundnessel *Hydrilla verticillata*	sonnig, halbschattig	20 – 100 cm	VII – VIII	Blüte unscheinbar

Typische Gartenteichbewohner

Teichfrosch

Rana kl. esculenta

Wenn sich Grünfrösche an einem Gartenteich ansiedeln, wird man auf den ersten Blick kaum erkennen, ob es sich dabei um Teichfrösche Rana kl. esculenta *oder Kleine Wasserfrösche* Rana lessonae *handelt, denn beide Arten sind sich in ihrem Aussehen und Verhalten sehr ähnlich. Zum Komplex der Grünfrösche gehört schließlich noch der Seefrosch* Rana ridibunda, *der mit etwa siebzehn Zentimetern Körpergröße aber schon aus dem gewohnten Rahmen fällt und sich für Gartenteiche weniger interessiert. Seine bevorzugten Lebensräume sind große, flache Seen, Flussauen und ähnliche Naturgewässer.*

Junge Teichfrösche streifen bei der Nahrungssuche gern durch die Uferbereiche des Gewässers. Doch ihre Vorliebe für die dichte, feuchte Uferregion hat auch noch einen anderen Grund: Sie flüchten vor ihren gefräßigen Eltern. Erwachsene Teichfrösche schnappen nach allem, was sich bewegt und von der Größe her in ihr Maul passt, und so wird manchmal auch der eigene Nachwuchs verspeist. Doch junge Teichfrösche sind nicht nur durch den Kannibalismus ihrer Eltern bedroht. Sie haben bereits während ihrer Entwicklung viele Gefahren überstanden. Wenn ein Froschweibchen seine Eier (bis zu 10.000 Stück) am Gewässergrund ablegt, lauern unzählige, hungrige Feinde auf die schmackhafte Beute. Aus den Eiern, die übrig bleiben und in gallertartige Laichklumpen verpackt sind, schlüpfen nach etwa einer Woche die Kaulquappen. Auch auf sie lauern hungrige Räuber wie Fische, Molche, Libellenlarven oder Gelbrandkäfer. Zum besseren Schutz vor Feinden bilden die Kaulquappen größere Gemeinschaften. Sie ernähren sich von tierischem und pflanzlichem Plankton, hin und wieder auch von Aas, und leisten so einen wichtigen Beitrag zur Gewässerhygiene. Zu Beginn ihrer Metamorphose scheinen sie nur aus einem dicken Bauch und einem »gläsernen« Ruderschwanz zu

bestehen. Mit fransenartigen Kiemen an den Seiten führen sie sich Sauerstoff aus dem Wasser zu und verlieren ihm Laufe der Zeit ihre fischähnliche Gestalt. Ihre Hinterbeine mit vier Zehen wachsen heran. Später bilden sich ihre Vorderbeine mit fünf Zehen aus. Der Ruderschwanz wird immer kürzer und verschwindet später ganz; die Kiemen verlagern sich nach innen. Wenn schließlich aus der Kaulquappe ein Frosch geworden ist, atmet er wie ein richtiges Landtier über seine Lungen. Dem Element Wasser aber bleibt er sein Leben lang treu und entfernt sich nur selten weit von ihm. Mit seiner zarten Haut kann er auch unter Wasser Sauerstoff aufnehmen. Sogar über sehr lange Zeit: Am schlammigen Grund eines Gewässers hält er seine Winterruhe.

Teichmolch

Triturus vulgaris

Der Teichmolch ist ein typischer Bewohner jener natürlichen Kleingewässer, die als Dorfteiche oder Wald- und Wiesentümpel früher überall zu finden waren. Wie alle Amphibien gehört auch der Teichmolch zu den geschützten Tierarten und darf der Natur nicht entnommen werden. Es ist aber durchaus möglich, dass Teichmolche, die als erwachsene Tiere vorwiegend außerhalb der Gewässer leben und recht wanderfreudig sind, sich an einem naturnah angelegten Gartenteich von selbst ansiedeln. Nach der Winterruhe, die erwachsene Molche in Schlupfwinkeln unter Steinen, Reisighaufen oder Moderholz verbringen, beginnen sie im Laichgewässer mit ihrem eindrucksvollen Balzritual. Die Männchen tragen jetzt ein farbenprächtiges Hochzeitskleid: Ihre Bauchseite ist orangefarben, die obere Körperseite ist mit dunklen Flecken übersät, ein schillernder Hautkamm ziert ihren Rücken. Mit dieser Balztracht wirbt das Männchen oft stundenlang um ein Weibchen. Es versucht, die Partnerin mit Duftstoffen zu stimulieren, wedelt mit dem Schwanz, stellt ihn parallel zum Körper oder macht zitternd einen Buckel. Mit schlängelnden Schwanzbewegungen kriecht es vor dem Weibchen her zu einem ausgewählten Platz und legt dort kleine, gallertartige Samenpäckchen ab, die von dem Weibchen mit ihrer Geschlechtsöffnung aufgenommen werden. Teichmolchweibchen legen ihre Eier nicht wie Frösche in Laichballen ab. Jedes einzelne Ei (es können bis zu 300 Stück sein) wird an das Blatt einer Wasserpflanze geklebt und dann mit den Hinterbeinen wie in eine Tüte eingefaltet. Nach zwei Wochen schlüpfen aus den Eiern die kaum einen Zentimeter großen Larven, die sich von Anfang an selbständig mit

Wasserflöhen und anderen Kleinlebewesen ernähren. Ihre Metamorphose dauert drei Monate. Die Tiere verlieren dabei langsam ihr »gläsernes« Aussehen. Ihre Beine entwickeln sich und ihre Kiemen bilden sich zurück. Sie sind nun imstande, auf dem Land zu leben. Doch erst im Alter von drei Jahren werden sie selbst geschlechtsreif sein.

• Feuchtwiesen und Gräben

Die Feuchtwiese war früher ein weit verbreiteter und ungeliebter Wiesentyp in ländlichen Regionen. Heute sind viele Pflanzen und Tiere, die dort vorkommen, selten geworden oder vom Aussterben bedroht. Für leidenschaftliche Gärtner und Naturfreunde lohnt es, sich mit dem Anlegen einer Feuchtwiese im Garten zu befassen. Neben Enttäuschungen sind ihnen hier jahrelange, spannende Erlebnisse garantiert.

Die Feuchtwiese im Garten ist ebenso wie eine Feuchtwiese in der Natur ein eigener Wiesentyp und hat ihre eigenen Bedingungen. Man kann sich an einer Naturfeuchtwiese etwas abschauen, sie aber selten originalgetreu im Garten kopieren. Feuchtwiesen im Garten und in der Natur haben allerdings ein gemeinsames Problem: Sie müssen mit schwankenden Bewässerungsbedingungen zurechtkommen. Im Frühjahr steht in der Regel zu viel Wasser in den Wiesen. Ab dem Frühsommer, wenn es wärmer und trockener wird, beginnen sie, unter Wassermangel zu leiden. Diesem Wechsel von Überflutung und Austrocknung haben sich die Tiere und Pflanzen in der Wiese angepasst. Im Frühjahr, wenn sich Wassertümpel in der Wiese bilden, legen Grasfrösche und andere Amphibien darin ihre Eier ab.

Wenn es trocken wird und die Tümpel versiegen, haben die Kaulquappen ihre Metamorphose abgeschlossen. Mit den Pflanzen verhält es sich ähnlich: die Grazilsten von ihnen sind Frühjahrsblüher, und wenn die Trockenzeit beginnt, haben sich ihre Samen längst verbreitet.

Feuchtwiesen in der Natur

Große, natürliche Feuchtwiesen gehören heute zu unseren akut bedrohten Landschaftsbereichen. Ursprünglich waren viele Feuchtwiesen ungenutzte Moorwälder, die von den Landwirten gerodet wurden, um Streuland zu gewinnen (Streu- oder Riedwiesen). Durch die alljährliche Mahd begünstigt, entwickelte sich auf solchen extensiv genutzten Wiesen ein reiches Tier- und Pflanzenleben. Raubwürger, Bekassinen und Brachvögel fanden hier ihre Lebensräume, Weißstörche stolzierten auf Nahrungssuche durch das sumpfige Gelände.

Grazile Frühjahrsblüher wie die Gelbe Narzisse, die Schachbrettblume oder feuchtigkeitsliebende Knabenkraut-Arten konnten sich auf den im Herbst gemähten Wiesen zur Blüte und Samenreife entfalten, ehe sie von der nachwachsenden Hochstauden-Vegetation wie Mähdesüß oder Echtem Baldrian verdrängt wurden. Heute hat Einstreu in den »hygienischen« Ställen der »modernen« Landwirtschaft keine Bedeutung mehr und viele Riedwiesen verbuschen wegen der fehlenden Mahd. Naturschutzorganisationen versuchen aber wenigstens einige ökologisch besonders wertvolle Feuchtwiesen durch Ankauf und Pflege im traditionellen Sinne zu erhalten.

Die Gartenfeuchtwiese

Wegen der hohen Wasserverdunstung kann das Anlegen einer Gartenfeuchtwiese eigentlich nur für große Gärten empfohlen werden, wo eine Fläche von wenigstens zehn mal zehn Metern zur Verfügung steht. Eine Feuchtwiese im Garten anlegen heißt vor allem auch: Geduld haben, denn nicht alle Feuchtwiesenpflanzen, die wir in der Natur bewundern, werden sich auch im Garten auf Anhieb gut entwickeln.

Befindet sich keine massive Ton- oder Lehmschicht in unserem Garten, nimmt man als Abdichtungsmaterial für die Gartenfeuchtwiese eine normale Teichfolie. Wie beim Anlegen eines Gartenteiches wird zuvor die Grube ausgehoben. Man kann aber dabei, im Gegensatz zum Gartenteich, auf unterschiedliche Tiefenbereiche verzichten. Die Grube sollte durchgehend eine Tiefe von etwa einem halben Meter haben. Jetzt wird die Folie eingelegt und damit wäre die Hauptarbeit eigentlich schon erledigt. Da die Feuchtwiesen-Pflanzen nährstoffreiche Böden lieben, kann man den Aushub (falls es sich um ein lockeres Kompost-Mutterboden-Gemisch handelt), gleich wieder auf die Folie schaufeln. Zu bedenken ist allerdings, dass die Wasserverdunstung im Sommer enorm hoch sein kann. Wenn man nicht ständig nachwässern möchte, gibt es einen kleinen Trick, um den Wasserstand in der Gartenfeuchtwiese mit künstlichen »Wasserspeichern« konstanter zu halten. Diese »Wasserspeicher« bestehen aus (sauberen) Plastikgefäßen (Kanister, Pflanztöpfe, Eimer usw.), die man rundherum etwa fingerdick in kurzen Abständen durchlöchert. Umgestülpt und mit einigen Zentimetern Abstand voneinander werden die Gefäße auf die Folie gestellt. Die Höhe der Gefäße sollte so gewählt werden, dass die Erdauflage darüber wenigstens dreißig Zentimeter beträgt. Die Erdfüllung zwischen den Gefäßen reicht bis zum Boden der Grube und hat dann eine Höhe von etwa einem halben Meter. In diese tieferen Erdbereiche setzt man Pflanzen, die höherwüchsig sind und tief greifende Wurzeln bilden. Die unterirdischen Gefäße funktionieren gewissermaßen als Regenwasser-Speicher, die durch Kapillar-(Docht-)Wirkung bedingt, in Trockenzeiten das gespeicherte Wasser an die Pflanzen weitergeben.

Durchlöcherte Plastikgefäße im Boden einer Gartenfeuchtwiese dienen als Wasserspeicher.

Pflanzzeiten: Frühjahr oder Herbst

Mahd: Die Gartenfeuchtwiese wird einmal im Herbst mit der Sense oder Sichel gemäht.

Pflanzen für den immerfeuchten Randbereich eines Wiesengrabens und für die Gartenfeuchtwiese

Deutscher Name / Botanischer Name	Standortbedingungen	Blütezeit (Monate)	Blütenfarbe	Wuchshöhe
Bach-Nelkenwurz *Geum rivale*	halbschattig	V – VI	rotbraun	30 – 80 cm
Blutweiderich *Lythrum salicaria*	sonnig bis halbschattig	VI – VIII	rosa	80 – 150 cm
Breitblättriges Knabenkraut *Dactylorhiza majalis*	sonnig bis halbschattig	V – VI	purpur	30 – 45 cm
Echter Baldrian *Valeriana officinalis*	sonnig	VI – VII	weiß	bis 200 cm
Echte Sumpfwurz *Epipactis palustris*	sonnig bis halbschattig	VI – VII	grünweiß	30 – 50 cm
Europäische Trollblume *Trollius europaeus*	sonnig bis halbschattig	IV – VI	gelb	30 – 40 cm

Deutscher Name / Botanischer Name	Standortbedingungen	Blütezeit (Monate)	Blütenfarbe	Wuchshöhe
Frühlings-Schlüsselblume *Primula veris*	sonnig bis halbschattig	IV – VI	gelb	10 – 20 cm
Geflecktes Knabenkraut *Dactylorhiza maculata*	sonnig bis halbschattig	VI – VII	weißrosa	30 – 60 cm
Gewöhnlicher Gilbweiderich *Lysimachia vulgaris*	sonnig bis halbschattig	VII – VIII	gelb	bis 200 cm
Clusius-Enzian *Gentiana clusii*	sonnig	VI – VIII	blau	5 – 20 cm
Großer Wiesenknopf *Sanguisorba officinalis*	sonnig bis halbschattig	VI – IX	dunkelrot	40 – 100 cm
Herbstzeitlose *Colchicum autumnale*	sonnig	VIII – X	rosa	bis 25 cm
Kuckucks-Lichtnelke *Lychnis flos-cuculi*	sonnig bis halbschattig	III – V	rosa	30 – 80 cm

Deutscher Name / Botanischer Name	Standortbedingungen	Blütezeit (Monate)	Blütenfarbe	Wuchshöhe
Mädesüß *Filipendula ulmaria*	sonnig bis halbschattig	VII – VIII	weiß	bis 180 cm
Prachtnelke *Dianthus superbus*	halbschattig	VI – IX	rosa, weiß	40 – 60 cm
Schachbrettblume *Fritillaria meleagris*	sonnig	IV – V	rotbraun	20 – 40 cm
Sumpfdotterblume *Caltha palustris*	sonnig	IV – V	gelb	25 – 40 cm
Sumpf-Kratzdistel *Cirsium palustre*	sonnig	VII – IX	rot	bis 150 cm
Sumpf-Storchschnabel *Geranium palustre*	halbschattig	V – VIII	rotviolett	40 – 50 cm
Sumpf-Veilchen *Viola palustris*	sonnig	V – VI	violett	bis 5 cm

Deutscher Name / Botanischer Name	Standortbedingungen	Blütezeit (Monate)	Blütenfarbe	Wuchshöhe
Sumpf-Vergissmeinnicht *Myosotis palustris*	sonnig bis halbschattig	VI – IX	blau	20 – 35 cm
Wasser-Schwertlilie *Iris pseudacorus*	sonnig bis halbschattig	V – VI	gelb	60 – 80 cm
Wechselblättriges Milzkraut *Chrysosplenium alternifolium*	sonnig bis halbschattig	III – V	grüngelb	5 – 10 cm
Wiesen-Schwertlilie *Iris sibirica*	sonnig	V – VI	blauviolett	50 – 60 cm
Wiesenknöterich *Polygonum bistorta*	sonnig bis halbschattig	IV – V	rosa	40 – 100 cm
Wiesenschaumkraut *Cardamine pratensis*	sonnig bis halbschattig	VI – IV	weißrosa	bis 40 cm
Zungenblättriger Hahnenfuß *Ranunculus lingua*	sonnig bis halbschattig	VI – VII	gelb	50 – 100 cm

Pflanzen für den wasserführenden Grabenbereich

Deutscher Name / Botanischer Name	Standort-bedingungen	Wassertiefe	Blütezeit (Monate)	Blütenfarbe	Wuchshöhe
Bachbunge *Veronica beccabunga*	sonnig bis halbschattig	bis 5 cm	VI – VIII	blau	5 – 10 cm
Bachminze *Mentha aquatica*	sonnig	bis 10 cm	VII – IX	lila, weiß	30 – 50 cm
Fieberklee *Menyanthes trifoliata*	sonnig	bis 10 cm	V – VI	weiß	20 – 40 cm
Seekanne *Nymphoides peltata*	sonnig	mind. 20 cm	VI – IX	gelb	
Froschbiss *Hydrocharis morsus-ranae*	sonnig	10 – 50 cm	VI – VIII	weiß	
Kleiner Wasserschlauch *Utricularia minor*	halbschattig	20 – 50 cm	VII – VII	gelb	

Deutscher Name / Botanischer Name	Standort-bedingungen	Wassertiefe	Blütezeit (Monate)	Blütenfarbe	Wuchshöhe
Sumpfdotterblume *Caltha palustris*	sonnig	5 – 10 cm	IV – V	gelb	20 – 40 cm
Sumpfkalla *Calla palustris*	sonnig	5 – 10 cm	V – VI	weiß	15 – 20 cm
Sumpf-Vergissmeinnicht *Myosotis palustris*	sonnig bis halbschattig	bis 5 cm	VI – IX	blau	20 – 35 cm
Wasserhahnenfuß *Ranunculus aquatilis*	sonnig bis halbschattig	5 – 20 cm	VI – VIII	weiß, gelb	
Wasserknöterich *Polygonum amphibium*	sonnig	0 – 40 cm	VI – IX	rosa	30 – 100 cm
Zwergteichrose *Nuphar pumila*	sonnig bis halbschattig	mind. 20 cm	VI – VII	gelb	

Grasfrosch

Rana temporaria

Grasfrösche sind jene Amphibienart, die wir am ehesten am Gartenteich oder in einer angelegten Gartenfeuchtwiese erwarten dürfen, denn sie gehören zu den häufigsten Landfroscharten. Der Grasfrosch streift im Sommer ziemlich weit herum. Doch zur Laichzeit, im zeitigen Frühjahr, sucht er ein Leben lang den gleichen Tümpel auf, in dem er selbst als Larve gelebt hatte. Dort trifft eine Vielzahl von Tieren gleichzeitig zu einer Massenhochzeit ein, die nur wenige Tage dauert. Von leisem Knurren oder lang gezogenen Grunzlauten begleitet, beginnen die Frösche sich zu paaren. Während das Froschmännchen die Partnerin dicht hinter den Vorderbeinen umklammert, presst das Froschweibchen bis zu 4.000 Eier aus, die in gallertartige Laichballen gebettet sind und von den Männchen sofort befruchtet werden.

Im Zeitraum von drei bis vier Monaten entwickeln sich aus den Eiern die Quappen und schließlich die fertigen Fröschchen. Mit nur etwa eineinhalb Zentimetern Länge verlassen die kleinen Frösche dann in großen Scharen das Geburtsgewässer. Dabei sind sie durch ihre braune Tarnfärbung kaum erkennbar und werden oft unbeabsichtigt von Fußgängern oder Joggern auf Waldwegen totgetreten. Nach etwa drei Jahren sind die jungen Grasfrösche geschlechtsreif und kehren dann zur Laichzeit an ihr Stammgewässer zurück.

Grasfrösche sind wechselwarme Tiere. Sie haben also keine organisch geregelte Körpertemperatur, sie wird vielmehr von der jeweiligen Außentemperatur bestimmt. Deshalb wählen sie in heißen Sommern stets eine Umgebung, in der es schön kühl und auch ein wenig feucht ist. Erwachsene Grasfrösche überwintern meist in Gesellschaft am Gewässergrund. Die Körperfunktionen der Amphibien sind in dieser Zeit auf ein Minimum reduziert, ebenso die Sauerstoffaufnahme, die jetzt, wie bei den Wasserfröschen, nur noch über ihre Haut erfolgt.

Der Wiesengraben

Im Gegensatz zum Bach versteht man unter einem Wiesengraben im Allgemeinen ein lang gezogenes, schmales Stillgewässer. Solche Gräben haben sich in der Natur auf mineralischem Untergrund gebildet oder sie wurden früher von Landwirten zur Entwässerung nasser Wiesen angelegt.

Durch ihre stets feuchten Uferbereiche sind Wiesengräben der geeignete Standort für viele Pflanzenarten; diese wiederum locken Scharen von Spinnen und Insekten an. Für Amphibien wie Erdkröten oder Grasfrösche sind die Randbereiche der Wiesengräben ein ideales Sommerquartier, im seichten Wasser leben Libellenlarven, Kaulquappen und Molche.

Der Wiesengraben im Garten

Da der Verlauf des Wiesengrabens gänzlich unserer Phantasie überlassen bleibt, lässt er sich vielleicht auch am Rande eines Kleingartens planen, in dem kein Platz für einen Gartenteich vorhanden ist. Der Graben wird etwa einen halben Meter tief ausgehoben, wobei zu verhindern ist, dass Steilufer entstehen, die die spätere Bepflanzung erschweren. Der eigentliche Wasserbereich braucht nur zwanzig bis dreißig Zentimeter tief und etwa einen Meter breit zu sein. Im Wasserbereich und noch ein Stück über die Flachufer hinaus wird eine Teichfolie verlegt. Mit dem Folienrand errichtet man eine Kapillarsperre, indem man ihn an beiden Seiten nach oben biegt. Von der Außenseite her wird das hochgebogene Folienende mit Erdreich, Steinen oder Ähnlichem fixiert. Die Kapillarsperre soll in jedem Fall eine allzu starke Saugwirkung aus dem angrenzenden Gartenbereich verhindern.

Wassermangel und verstärkte Algenbildung im Hochsommer

Die starke Wasserverdunstung in unserem Wassergraben kann in heißen, trockenen Sommern Probleme bereiten. Deshalb wäre eine zusätzliche Wasserversorgung ideal. Eine direkte, unkontrollierte Einleitung von Regenwasser aus dem Abfallrohr könnte bei starken Regengüssen aber zu Überschwemmungen führen. Besser wäre es, Regenwasser in einer Tonne aufzufangen und dann über eine Rohr- oder Schlauchverbindung bei Bedarf zuzuleiten.

Da sich das stehende Flachwasser im Wiesengraben unter der Sommersonne stark erwärmt, kann es zu vermehrtem Algenwuchs kommen. Man kann dem unerwünschten Algenwachstum aber vorbeugen, indem man den wasserführenden Bereich des Wiesengrabens mit geeigneten sauerstoffspendenden Pflanzen besetzt.

Für ihn ist jedes Kleingewässer im Garten interessant: **Wasserläufer**

Gerris lacustris

Der Gewöhnliche Wasserläufer Gerris lacustris *ist ein bewundernswertes Insekt, das imstande ist, über die Wasseroberfläche zu laufen, ohne dabei zu versinken. Mit weit abstehenden nadeldünnen Beinen haben Wasserläufer ihr Gewicht so verteilt, dass sie von der Oberflächenspannung des Wassers getragen werden. Bei genauem Hinsehen wird man erkennen, dass der Wasserläufer dabei keinesfalls auf »sicherem Fundament« steht, denn mit seinen Fadenbeinen erzeugt er kleine Vertiefungen in der Wasseroberfläche. Feine Härchen an der Körperunterseite, auf denen die federleichten Tiere ständig ein fettiges Sekret verteilen und die so wie ein Luftpolster wirken, geben ihnen wieder Auftrieb, wenn sie ein Platzregen oder eine Windböe für kurze Zeit unter Wasser drückt. Von Natur aus sind Wasserläufer zum Fliegen befähigt, aber die wenigsten Individuen machen davon Gebrauch. Bei einigen sind die ohnehin kurzen Flügel verkümmert, so dass sie sich lieber auf ihre flinken Beine verlassen. Diese Glieder sind wiederum für ein Landleben völlig ungeeignet. Seinem Element, dem Wasser, entnommen, hüpft der Wasserläufer panisch und hilflos herum. Wasserläufer gehören zur Familie der Wanzen. Sie ernähren sich räuberisch von kleinen Insekten, die auf die Wasseroberfläche gefallen sind. Wasserläufer umklammern ihre Opfer mit den Vorderbeinen, lähmen sie durch einen Stich mit dem Saugrüssel und beginnen sie dann auszusaugen. Auch verendete Beutetiere werden von ihnen nicht verschmäht.*

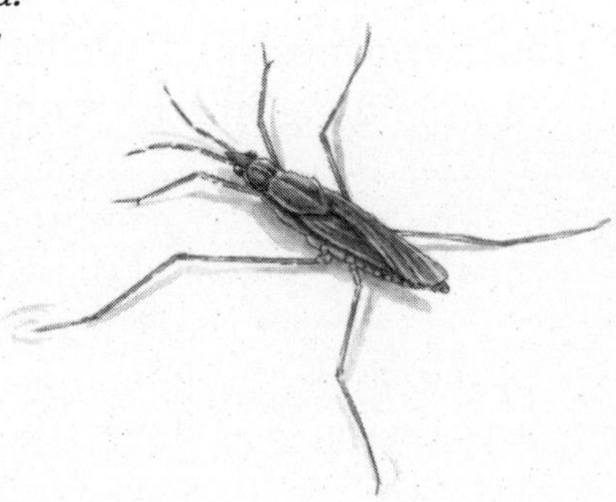

Auf gute Nachbarschaft!

Das folgende Kapitel befasst sich näher mit den Tieren, die unsere Nachbarn oder Untermieter werden können, wenn wir ihnen die Chance dazu geben. Es geht um praktische Tipps zum Bau ihrer Wohnungen, um die Beseitigung von Gefahrenquellen und den richtigen Umgang mit ihnen. Mit den Tierportraits werden typische Haus- und Gartenbewohner vorgestellt.

Im Anschluss geht es noch um Tiere, die am Haus und im Garten Unterschlupf finden, obwohl sie eigentlich wenig willkommen sind: die »Lästlinge«, und um schonende Möglichkeiten, sie zu vertreiben.

Nisthilfen und Winterquartiere

Trapnester und Halmdosen

Wildbienen, Faltenwespen und **Grabwespen** benötigen zur Eiablage kleine Löcher in Holzstämmen, die sie aber nicht selbst bohren können. Deshalb benutzen sie hierfür gern die verlassenen Wohngänge von Käfern, die in Normalgärten aber nur selten zu finden sind. Eine Hilfe kann man den Hautflüglern mit einem so genannten Trapnest bieten. Dabei handelt es sich um einen Hartholzblock, in den man eine Anzahl Löcher von unterschiedlicher Tiefe bohrt. Die Tiefe der Löcher sollte fünf bis fünfzehn Zentimeter betragen, bei einem Durchmesser zwischen drei und zehn Millimetern. An einer Drahtschlinge lässt sich die Nisthilfe am Gartenzaun, an der Hauswand, auf der Terrasse oder auf dem Balkon aufhängen. Ebenso einfach ist die Anfertigung einer Halmdose als Insektenbehausung. Eine beidseitig offene Konservendose wird mit Schilfhalmen, Stroh oder den markhaltigen Zweigen von Brombeere oder Holunder gefüllt und erhält dann einen geeigneten Sonnenplatz im Garten.

Eine Halmdose dient als Nisthilfe für Insekten.

Hummelnistkästen

Auch für **Erdhummeln,** die bevorzugt in verlassenen Mauselöchern leben, wird es in unserem äußeren Hausbereich und Garten immer schwieriger, einen geeigneten Nistplatz zu finden. Mit einem Hummelnistkasten, den man aus Holz selbst bauen kann und der nach Fertigstellung etwa zwanzig Zentimeter tief in die Erde eingelassen wird, bietet man den erdbewohnenden Hummelarten eine Ersatzwohnung an. Beim Bau und der Installation im Boden sollte man darauf achten, dass der Kasten samt Einlassröhre mit Dachpappe oder ähnlichem Material gegen Nässe und Kälte isoliert wird. Mit etwas Sand, trockenem Moos und Tierhaaren ausgestattet, wird die neue Heimstatt von den Insekten gern angenommen.

Ein Holzkasten, gefüllt mit trockenem Moos, wird gern von Hummeln und anderen Insekten als Nisthilfe angenommen.

Blumentöpfe als Wohnungen für Ohrwürmer

Naturgärtner betrachten **Ohrwürmer** heute nicht mehr mit zwiespältigem Gefühl, weil sie die natürlichen Feinde vieler Pflanzenschädlinge wie Blattläuse, Spinnmilben oder der Möhrenfliege *Psila rosae* sind. Mit Ohrwurmbehausungen (umgedrehte Blumentöpfe, die mit Holzwolle oder Stroh gefüllt werden) kann man den nachtaktiven Tieren geeignete Schlafnester anbieten. Die Blumentöpfe werden an einem Draht in schattiger Lage an die Zweige von Bäumen oder Sträuchern gehängt.

Winterquartiere für Igel aus Stein oder Holz

Wenn im Garten »natürliche Verhältnisse« herrschen, kommen **Igel** ohne besondere Hilfe über den Winter. Ein größerer Reisig- oder Komposthaufen, dichtes Gebüsch mit reichlich Falllaub oder Steinhaufen mit Hohlräumen genügen ihnen, um sich für den Winterschlaf einzurichten. Wo sich solche Möglichkeiten nicht bieten, kann man dem sympathischen Stacheltier mit einfachen Mitteln ein Haus errichten. Es sollte die Innenmaße von 30 × 30 × 30 Zentimetern und ein Einschlupfloch von 10 × 10 Zentimetern Größe haben. Zum Bau bieten sich Natur- oder Mauersteine sowie auch entsprechende Holzplatten an. Gegebenenfalls kann man die Unterkunft noch mit Dachpappe gegen Regen und Kälte abdichten und schließlich mit Rasensoden, Laub oder Reisig bedecken.

Aus Natursteinen errichtete Igelunterkunft

Kompost-, Reisig- und Steinhaufen sind Winterquartiere für Erdkröten

Unter Kompost-, Reisig- und Steinhaufen findet auch die **Erdkröte** ihr natürliches Winterquartier. Die Amphibien suchen aber auch in Kellern, Geräteschuppen oder Ställen nach einer Unterschlupfmöglichkeit für die kalte Jahreszeit. In solchen Bereichen sollte man darauf achten, dass die Tiere nicht nur den Einlass, sondern auch wieder den Ausgang finden. Besonders heikle Hausbereiche sind Kellerschächte und Treppen, die sich für Erdkröten ohne Ausstiegshilfe (meist genügt hierfür ein schräggestelltes raues Brett) als unüberwindbare Barrieren erweisen.

Vogelnistkästen/Fledermauskästen

Nistkästen für **Vögel** gibt es fertig zu kaufen. Aber es macht sicher mehr Spaß, ihnen die zugedachte Wohnung selbst zu zimmern. Als Baumaterial eignen sich zwei Zentimeter dicke Bretter aus Kiefern-, Tannen- oder Fichtenholz mit rauer Oberfläche. Die nach den vorgegebenen Maßen zurechtgesägten Bretter werden mit Holzleim bestrichen und dann durch Nägel fest verbunden. Um eine Reinigung des Kastens im Herbst zu ermöglichen, sollte man das Vorderteil mit Holzschrauben befestigen, die ohne Probleme entfernt und wieder eingesetzt werden können. Die Kästen bleiben innen stets unbehandelt; für den Außenanstrich eignet sich eine umweltfreundliche Farbe als Wetterschutz. Bei Fledermauskästen sollte man auf den Außenanstrich ganz verzichten, allenfalls kann der Kasten mit Leinöl imprägniert werden. Da **Fledermäuse** äußerst empfindlich auf Zugluft reagieren, empfiehlt es sich, die Ritzen des Kastens nach Fertigstellung nochmals mit Holzkitt zu verdichten. Fledermäuse klammern sich im Kasten an die Holzwände. Deshalb müssen die Bretter von innen besonders rau sein und gegebenenfalls mit einer Raspel, einem Stecheisen oder Ähnlichem bearbeitet werden. Fledermauskästen werden in etwa fünf Metern Höhe an einem Baum oder an einer Hauswand befestigt; der freie An- und Abflug für die Tiere muss stets gewährleistet sein. Ein **Meisenkasten** kann in etwa zwei Metern Höhe an einem Baumstamm angebracht oder zum besseren Schutz vor Katzen an einem stabilen Draht schwebend aufgehängt werden. **Halboffene Nisthöhlen**, in die Rotkehlchen oder Zaunkönige einziehen könnten, sollten an einer geschützten Stelle im äußeren Hausbereich angebracht werden, auch Terrassen oder Balkone bieten sich hierfür mitunter an. **Nistbrettchen** für Mehlschwalben befestigt man an der Hausfassade, etwa zehn Meter unterhalb des Daches. Ein **Eulenbrutkasten** findet seinen Platz im Dachstuhl hoher Gebäude, wobei man ihn mit der Öffnung direkt vor das Einflugloch in der Außenmauer setzt.

Fertige Nisthilfen

Der Bau von Nistmöglichkeiten erfordert kein allzu großes handwerkliches Geschick. Aber nicht jeder bastelt gern oder hat die Zeit dazu. In den meisten Häusern fehlen heute die Nistplätze für Halbhöhlenbrüter wie Bachstelze, Hausrotschwanz oder Grauschnäpper. Höhlenbrüter wie Meisen und Kleiber suchen vergeblich nach kleinen, kreisförmigen Einflugöffnungen an einer Hausfassade, Mauersegler oder Zwergfledermäuse nach Mauerspalten, durch die sie Einlass ins Gebäude finden können. Im Fachhandel findet man Nist- und Einbausteine, die beim Neubau eines Hauses oder bei Renovierungsarbeiten direkt ins Mauerwerk eingelassen werden können. Diese Fassadeneinbausteine haben zum Teil austauschbare Einsätze mit unterschiedlichen Fluglochweiten für die jeweilige Vogelart. Fledermausquartiere, die in die Hauswand eingebaut werden, haben eine abnehmbare Vorderwand und im Inneren eine aufgeraute Holzplatte, an der sich die Tiere anklammern können. Neben Niststeinen, die ins Mauerwerk eingelassen werden, gibt es ein großes Angebot an Nisthilfen, die sich an der Hausfassade, unter Dachvorsprüngen oder im Garten anbringen lassen. Sie sind zum Teil für die bereits erwähnten Tierarten bestimmt. Darüber hinaus gibt es aber auch noch ganz spezielle Tierquartiere und Nisthöhlen für Baumläufer, Eisvögel, Turmfalken, Schwalben, Eulen oder Insekten. Sie sind überwiegend aus »Holzbeton« (einer Mischung aus Sägespänen und Zement) gefertigt, atmungsaktiv und langlebig. Genaue Anleitungen für die Montage und geeignete Aufhängeplätze werden mitgeliefert (Bezugsquellen im Anhang Seite 172).

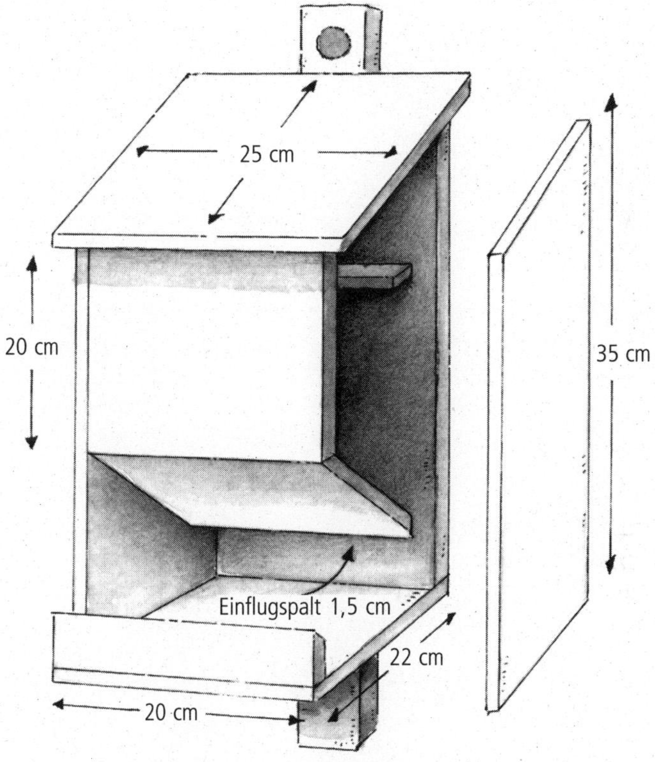

Fledermauskasten

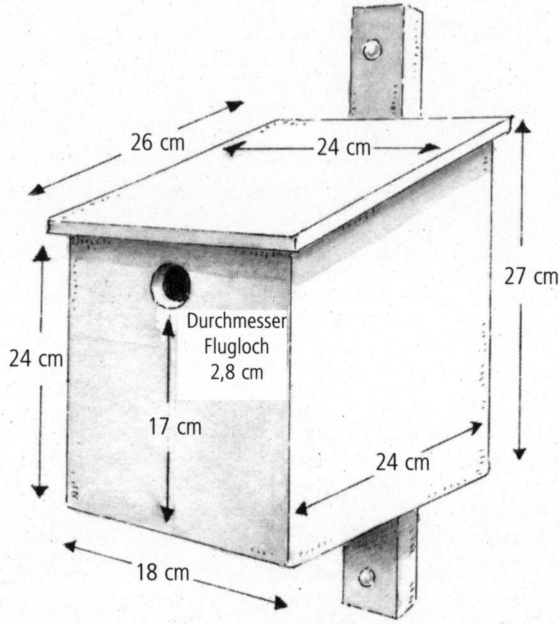

Meisenkasten

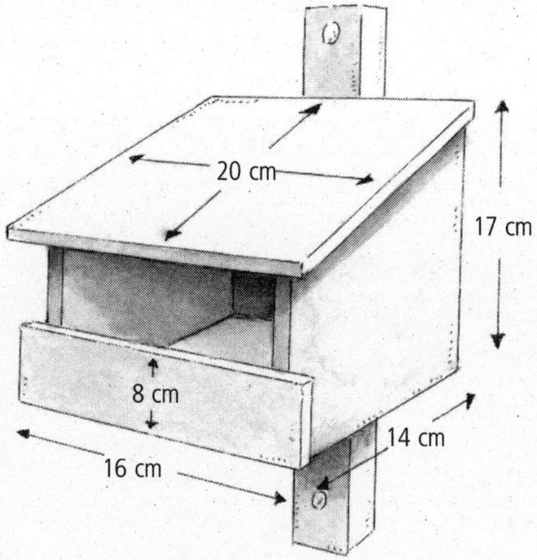

Halboffene Nisthöhle

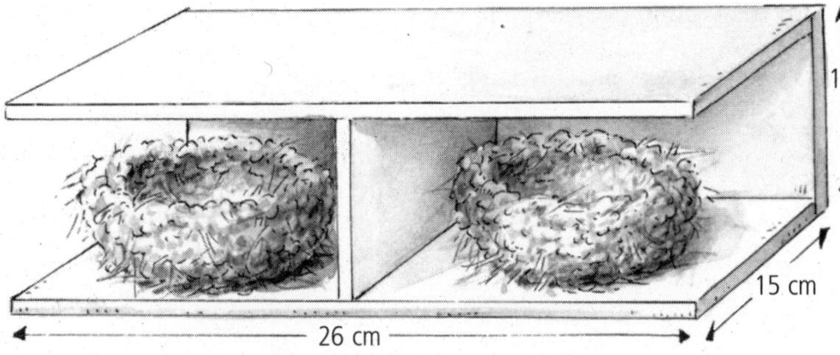

Nistbrettchen für Mehlschwalben

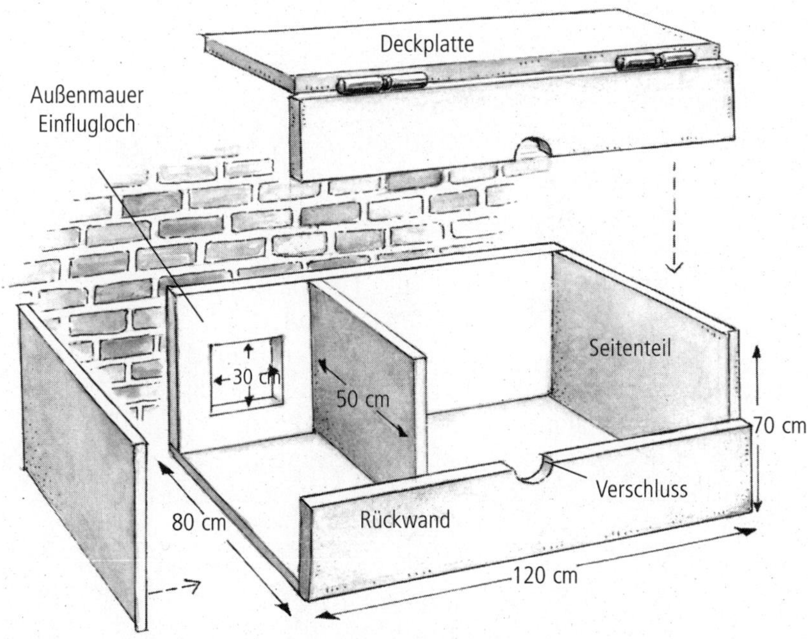

Eulenbrutkasten

Tierfallen vermeiden

Glasfassaden

An großen Fenstern oder Fassaden aus durchsichtigem Glas finden viele Vögel durch Aufprall den Tod. Auch im Haus oder im Wintergarten werden wir mitunter erleben, wie ein Vogel dumpf gegen die Glasscheiben prallt. Vielleicht hat er Glück gehabt und sitzt noch eine Weile benommen da, ehe er das Weite suchen kann. Die meisten Vögel aber brechen sich an Glasfassaden das Genick. Fluoreszierende Greifvogelsilhouetten an gläsernen Lärmschutzwänden, Pavillons oder Flughafengebäuden sollen anfliegende Vögel abschrecken. Solche Attrappen lassen sich auch auf Glasflächen im privaten Hausbereich anbringen. Eine bessere Wirkung erzielt man aber, wenn man die Gefahrenquelle durch das Anbringen einer Gardine »entschärft«.

Gartenlampen

Viele Insekten und in der Nacht ziehende Vogelarten werden von Lichtquellen magisch angezogen, insbesondere von Lampen mit hohem Ultraviolett-Anteil. Insekten wie Nachtfalter, Eintagsfliegen oder verschiedene Käferarten finden Nacht für Nacht millionenfach den Tod an künstlichen Lichtquellen im Häusermeer der Städte, aber auch an der Außenbeleuchtung von Einfamilienhäusern oder Gartenlampen. Sie verletzen sich beim Aufprall, verbrennen sich Fühler oder Flügel oder sterben vom ewigen Herumkreisen an Erschöpfung. Wenn eine solche Beleuchtung am Privathaus oder im Garten überhaupt erforderlich ist, sollte man auf besonders starke Lichtquellen ganz verzichten oder sie gegebenenfalls durch mehrere schwache ersetzen. Als insektenfreundliche und zugleich energiesparende Lichtquellen für den Außenbereich des Hauses gelten Natriumdampf-Niederdrucklampen. In die Höhe ragende Lichtquellen werden von Insekten und Vögeln eher angeflogen als solche im Bodenbereich. Lampen, die nach allen Richtungen scheinen, haben wiederum eine größere Anziehungskraft für Fluginsekten oder Vögel als solche, die mit gebündeltem Licht nur einen Hauseingang oder Weg ausleuchten.

Fallrohre an Regenrinnen

Es erzeugt ein bedrückendes Gefühl von Hilflosigkeit und Mitleid, wenn man das verzweifelte Flattern eines Vogels im Fallrohr einer Regenrinne hört. Gerade noch lief der Vogel oben in der Rinne herum. Dann fiel er unversehens in die Öffnung des Fallrohres. Er versuchte sich noch eine Weile an eine Nahtstelle im Rohr zu klammern. Dann rutschte er entkräftet in den Kanal. Solche Tragödien lassen sich vermeiden, indem man ein Stück Maschendraht zurechtbiegt und über die Öffnung des Fallrohres legt. Über die Maschen hinweg laufen die Vögel nun gefahrlos über die Todesfalle.

Gullys

Gullys sind Gleitfallen, die vor allem für Kleinsäuger und Amphibien zum Verhängnis werden können. Durch Gullys mit ihren großen Einlaufschlitzen werden unzählige Frösche und Kröten bei jedem stärkeren Regenguss ins unterirdische Kanalsystem gespült. Die Schmutzauffangkörbe unter den Gullys sind unsinnigerweise meist so beschaffen, dass hineingefallene Tiere keine Chance haben, nach oben zu entkommen. Wo wandernde Kröten auftreten, sollte man deshalb die Auffangkörbe kontrollieren, um abgestürzten Amphibien wieder zur Freiheit zu verhelfen.

Steilufer am Gartenteich

In Gartenteichen mit Steilufern sind schon unzählige Igel oder junge Vögel ertrunken. Bretter, die in einem nicht zu steilen Winkel ins Wasser ragen und gleichzeitig ans Ufer führen, können als Rettungsleiter dienen. Die Bretter sollten allerdings mit Querleisten versehen sein, weil das im Wasser liegende Holz durch Algen im Laufe der Zeit glitschig wird. Auch mit Natursteinen lässt sich in manchen Gartenteichen ein optisch ansprechender Ausstieg für Tiere bauen.

Tiere beobachten und erkennen

Säugetiere

Europäischer Igel

Erinaceus europaeus

Will man das sympathische Stacheltier öfter im Garten sehen, muss man für »natürliche Verhältnisse« sorgen, in denen Würmer, Raupen, Käfer, Spinnen, Amphibien und Reptilien eine Lebenschance haben, denn nach ihnen sucht der Igel bei seinen nächtlichen Streifzügen unentwegt.

Tagsüber hält er sich unter Büschen, Hecken, Reisig- oder Komposthaufen verborgen und solche Unterkünfte können ihm gegebenenfalls auch als Winterquartier dienen. Um Gärten, in denen ein kurz geschorener Rasen und pedantisch gepflegte Blumenbeete dominieren, macht er einen Bogen.

Nach einer Tragzeit von fünfunddreißig Tagen bringt die Igelmutter im Frühsommer zwei bis sechs Junge zur Welt. Die blinden Säuglinge haben bei ihrer Geburt schon die charakteristischen Stacheln, aber sie sind noch in ihrer aufgequollenen Haut versenkt, so dass sie die Mutter nicht verletzen. Nach vier Wochen beginnen die Jungen im Gefolge der Igelmutter mit ihren nächtlichen Ausflügen, um sich dann innerhalb des nächsten Monats selbständig zu machen. Sein Stachelkleid schützt den Igel vor allen Feinden aus dem Tierreich. Doch beim Überqueren von Straßen nutzt es dem wanderlustigen Säuger wenig. Die Zahl der Igel, die alljährlich den »Verkehrstod« sterben, geht in die Hunderttausende.

Gartenschläfer

Eliomys quercinus

Zur Familie der Bilche (Gliridae) *gehört der Gartenschläfer, ein possierliches Tier mit schwarzer Gesichtsmaske, großen Augen und Ohren und langen »Fühlhaaren« um die Nase. Wie alle Bilche verschläft der Garten-*

schläfer gut die Hälfte seines Lebens. Volle sieben Monate dauert der energiesparende Winterschlaf, den die Tiere in gepolsterten Quartieren zwischen Felsspalten, unter Steinhaufen oder in Nistkästen verbringen. In diesen Unterkünften verschlafen sie auch den Tag, um des Nachts auf die Suche nach Insekten, Schnecken, Vogeleiern oder Beeren zu gehen. Gartenschläfer leben in Gruppen mit begrenzten Eigenbezirken, die sie mit Duftmarken markieren und die einen Durchmesser von etwa hundert Metern haben.

Man wird also nur in großen Gärten mit der Tendenz zum »Natürlichen« oder in verwilderten Obstgärten mit der Besiedlung durch Gartenschläfer rechnen können. Die Berichte von Gartenschläfersippen, die früher in ländlichen Gegenden auf Dachböden laut polternd und grunzend ihre nächtlichen Umtriebe veranstalteten, Speisekammern oder Obstplantagen plünderten, hören sich heute wie eine Legende an. In unserer zersiedelten Kulturlandschaft ist der Gartenschläfer samt seinen Verwandten, dem Baumschläfer, dem Siebenschläfer und der zierlichen Haselmaus zur Rarität geworden.

Echte Mäuse

Das Kapitel »Mensch und Maus« ist seit jeher ein besonderes. Schon Tiervater Brehm berichtete: »Gegenwärtig haben sie (die Mäuse) ihre Rundreise um den Erdball beendet. Nirgends dankt ihnen der Mensch die unverwüstliche Anhänglichkeit an seine Person, sein Haus und seinen Hof, überall verfolgt er sie auf das Schonungsloseste; dennoch bleiben sie ihm zugetan, treuer noch als der Hund.«

Die »schmucken, anmutigen Gesellen« (Brehm) kommen überall dort vor, wo es etwas zu fressen gibt. Dabei ist die Hausmaus Mus musculus, *ursprünglich aus Vorderasien stammend und mit Getreideschiffen in alle Welt verfrachtet, für uns der Inbegriff für Listigkeit, Gefräßigkeit und Fruchtbarkeit. Haben Hausmäuse erst einmal eine Nahrungsquelle ausfindig gemacht, nutzen sie diese bis zum letzten Körnchen. Sie markieren den*

Weg dorthin mit ihrem Urin und wandern dann mit der ganzen Sippe immer wieder zur begehrten Nahrungsquelle. Wenn Futter im Überfluss vorhanden ist, können sich Hausmäuse explosionsartig vermehren. Bis zu sechs Würfe mit jeweils etwa zehn Jungen pro Jahr sind für ein Mäuseweibchen keine Seltenheit.

In Bezug auf Fruchtbarkeit wird die Hausmaus aber noch von der Feldmaus Microtus arvalis *übertroffen. Unter günstigen Bedingungen kann ein Feldmausweibchen alle drei Wochen etwa ein Dutzend Junge werfen. Trotz ihrer rasanten Vermehrung, ihrer geheimen Lebensweise und Anpassungsfähigkeit an die unterschiedlichsten Lebensräume werden die Nager aber nur dort zur Plage, wo ihre natürlichen Feinde fehlen. Für Mäusebussarde, Schleiereulen, Waldkäuze, Wiesel und Katzen sind Feldmäuse nämlich die reinsten Leckerbissen.*

Steinmarder

Martes foina

Mit einer Reihe von Namensgebungen hat der Mensch versucht, das kleine Raubtier mit der weißen Brust zu charakterisieren. Als Steinmarder lebte es vermutlich einst in felsigen Regionen, wo ihm Schlupflöcher und geeignete Beutetiere zur Verfügung standen. Mit seinem Einzug in menschliche Gefilde wurde es zum Hausmarder, ein Attribut, das niemals rechte Sympathie erkennen ließ. Seine geheimnisvolle Lebensweise in Bodenkammern, Schuppen, Ställen oder Scheunen, wo er sich tagsüber unserem Blick entzieht, macht den Kulturfolger zum unerwünschten Mitbewohner. Nächtliches Gepolter im Dachgebälk, zerfetzte Isoliermatten und durchwühlte Komposthaufen, das alles ist Marderwerk und zu viel für unser Duldungsmaß.

Wutschnaubende Bauern jagten den flinken Räuber gar mit Mistgabeln, wenn er um die Hühnerställe schlich. Dort hatte der als Hühnermarder Geächtete zuweilen wahre Massaker unter dem Federvieh ange-

richtet. Von Natur aus ist das kleine Raubtier aber gar nicht so blutrünstig, wie ihm nachgesagt wird. Doch wenn der Marder in einen Hühnerstall eindringt, gerät die Hühnerschar in Panik, und damit ist auch der Tötungsinstinkt des Marders überreizt.

Obwohl der Marder für uns auf den ersten Blick ein »putziger Geselle« ist, macht er sich mit seinem Verhalten immer wieder als Gemütstier ungeeignet. In den letzten Jahren werden zunehmend Fälle bekannt, in denen er sich selbst am »Heiligtum« mancher Zeitgenossen, dem Auto, vergreift. Zerfetzte Heizungsschläuche, durchbissene Elektrokabel und Benzinschläuche sind das Resultat seiner nächtlichen Umtriebe. Selbst Wissenschaftler haben dafür keine andere Erklärung, als dass sich auch für das verspielte Tier die Welt verändert hat. Bei allem Ärger, den uns der Marder bereiten kann, sollten wir uns aber auch daran erinnern, dass er von Natur aus ein begabter Mäuse- und Rattenjäger ist.

Europäischer Maulwurf

Talpa europaea

Viele Menschen nehmen es dem Maulwurf übel, dass er unsere Gartenordnung durcheinander bringt. Auch Alfred Brehm beschrieb ihn in seinem »Tierleben« mit zwiespältigem Gefühl: »Es lässt sich nicht leugnen, dass der Maulwurf durch Wegfangen der Regenwürmer, Maulwurfsgrillen, Engerlinge und anderer verderblicher Kerbtiere großen Nutzen stiftet ... Allein ebenso gewiss ist, dass er in unseren Gärten nicht geduldet werden darf, weil er hier durch das Durchwühlen der Erde oder das Herauswerfen der Letzteren den geordneten Pflanzenstaat gefährdet.« Mit Phantasie und Hinterlist wurde so manchem Maulwurf der Garaus gemacht, obwohl er nach unserem Wertmaßstab nicht einmal ein »Schädling« ist. Mit seinen aufgeworfenen Hügeln verschandelt er zwar Wiesen und Beete, aber er verschmäht jede pflanzliche Kost und rührt demzufolge auch nicht die Wurzeln oder Knollen unserer Nutz- und Zierpflanzen an.

Bekanntlich sieht der Maulwurf schlecht. Er ist zwar nicht völlig blind, aber bei seiner Arbeit unter Tage verlässt sich der Eremit vor

allem auf seinen Tastsinn und sein ausgeprägtes Geruchs- und Hörvermögen. Auch sein samtartiges Fell ist seiner Lebensweise in den engen Erdkanälen angepasst. Es hat keine Strichrichtung und ermöglicht es dem Tier, vor- und rückwärts durch das von ihm geschaffene Gangsystem zu laufen, das, von einer Art Basislager ausgehend, netzartig zu kleineren Nebenlagern führt.

Maulwürfe sind ungesellige Einsiedler, die nur im Frühjahr in die Erdtunnel der Weibchen eindringen, um sich fortzupflanzen. In einer extra angelegten unterirdischen Kinderstube bringt das Weibchen im Durchschnitt fünf nackte, blinde Junge zur Welt, die von ihm sechs Wochen lang gesäugt werden und etwa zwei Monate später ihre eigenen Wege gehen.

Der Maulwurf hält nichts von einem Winterschlaf, zieht sich aber bei Frosteinbruch in tiefere Erdschichten zurück. Dort unten wird das Nahrungsangebot zwangsläufig geringer, aber der findige Einsiedler hat für diese Periode vorgesorgt. In einer extra angelegten Vorratskammer lagert er seine Beute ein, vor allem Regenwürmer, die er durch einen Biss in den Kopf nicht getötet, sondern nur unbeweglich gemacht hat – »Lebendkonserven« für die lange Winterzeit.

Vögel

Singdrossel

Turdus philomelos

Zu den Frühlingsklängen gehört das klare, stimmungsvolle Lied der Singdrossel. Früher als andere Vogelarten kehrt die Singdrossel aus ihren Winterquartieren im westlichen und südlichen Europa zurück, um bald darauf mit dem Nestbau zu beginnen. Die »Zippe«, wie man die Singdrossel mancherorts wegen ihres Lockrufes, einem kurzen »Zip«, nennt, brütet bis zu dreimal im Jahr in Büschen, auf Bäumen oder im Blattwerk grüner Hausfassaden. Drosseln fressen neben Früchten und Samen allerlei Kleintiere mit einer besonderen Vorliebe für Gehäuseschnecken. Um an die begehrte Mahlzeit zu kommen, benutzt der findige Vogel seinen Schnabel dabei wie einen »Hammer«. Das harte Schneckengehäuse wird auf einem Stein, der als »Amboss« dient, zertrümmert.

Zaunkönig

Troglodytes troglodytes

Kaum größer als unser kleinster Vogel, das Goldhähnchen, fällt der Zaunkönig weniger durch sein schmuckloses, rotbraunes Federkleid auf, als durch die Emsigkeit, mit der er im Wald durch Unterholz, Hecken und Büsche hüpft. Dort sucht er nach Spinnen, Insekten oder Samenkörnern, und auch während der Brutzeit nutzt er die Bodenvegetation und errichtet im Blattwerk oder Wurzelgeflecht umgestürzter Bäume seine kunstvollen Kugelnester. Oft baut er gleich mehrere davon und führt sie dann einem Weibchen zur Auswahl vor. Hat es sich für ein Nest entschieden, wird es noch einmal verschönert und mit weichen Federn gepolstert.

Der kleine Vogel mit dem hochgestellten Stummelschwanz ist auch in dicht besiedelten Wohngebieten gar nicht selten anzutreffen und baut hier seine Nester in Mauerlöchern, zwischen Holzstößen oder Kletterpflanzen an der Hausfassade.

Blaumeise

Parus caeruleus

Die Blaumeise ist stets zur Stelle, wenn es um eine auf der Terrasse oder im Garten eingerichtete Futterstelle geht. Auch ein neuer Nistkasten wird von dem emsigen Vogel mit dem blauen Scheitel und dem gelben Kragen sofort auf seine Eignung als Brutplatz untersucht. Dabei hat sich die Blaumeise erst im Laufe der Zeit in der Nähe des Menschen eingerichtet. Als rastloser Waldvogel streifte sie einst in der Gemeinschaft von Kleibern oder anderen Meisenarten durch lichte Laubwälder, um unter der Borke von Bäumen nach Insekteneiern zu suchen. Auch im Garten hält sich die Blaumeise bevorzugt an Laubbäume, wo sie oft in artistischer Manier kopfüber an schaukelnden Zweigen hängt, um irgendeine Beute zu ergattern. Wo immer die Blaumeise eine Futterquelle vermutet, versucht sie, beharrlich heranzukommen. Dabei werden Baumrinde oder andere Insektenverstecke von ihr energisch bearbeitet. Gerät die Blaumeise einmal unversehens ins Haus, beginnt sie, auf Tapeten und Zeitungen herumzuhacken oder diese gar in kleine Fetzen zu reißen. Wissenschaftler haben ihre Hartnäckigkeit und ihren Einfallsreichtum bei der Nahrungsbeschaffung näher untersucht, indem sie Futter in geschlossenen Schubfächern und Behältern deponierten. Blaumeisen öffneten die Schubfächer und zogen die Pfropfen von den Behältern, um an die begehrte Nahrung zu gelangen.

Kohlmeise

Parus major

Wenn es um die Nahrungsbeschaffung geht, ist die Kohlmeise beinahe noch gewitzter als die Blaumeise. Sie nimmt nicht nur ihren Schnabel, sondern mitunter auch ihre Füße zu Hilfe, wenn es darum geht, eine Beute in greifbare Nähe zu rücken. Mit ihren unermüdlichen »Zizibä«-Rufen kündigt sie den nahen Frühling an. Sie versteht es aber auch, andere Vogelarten beharrlich nachzuahmen. Vermutlich hat ihre Sangeslust aber einen höchst eigennützigen Grund: nämlich ihre Konkurrenten einzuschüchtern und aus dem von ihr beanspruchten Revier fern zu halten. Den Verlust von Brutplätzen in natürlichen Baumhöhlen hat die Kohlmeise besser überwunden als viele andere Vogelarten. Sie richtet sich schnell in aufgehängten Nistkästen ein; auch unkonventionelle Plätze wie umgekippte Eimer, Blechdosen oder Briefkästen werden mitunter als Brutplatz ausgewählt. Kohlmeisen sorgen für reichlich Nachkommenschaft. In guten Sommern kann ein Kohlmeisenpaar über zwanzig Junge aufziehen, wovon statistisch gesehen aber nicht einmal fünf die ersten zehn Monate überleben.

Mauersegler

Apus apus

Wenn Mauersegler in Trupps elegant und kreischend über die Dächer der Häuser gleiten, steht der Sommer auf seinem Höhepunkt. Mauersegler haben sich dem Leben in der Luft bestens angepasst. In rasantem Flug jagen die dunklen Vögel nach kleinen Fluginsekten, und wenn man sie an klaren Tagen stundenlang am blauen Himmel sieht, glaubt man, was behauptet wird: dass sie dort oben in der Luft schlafen können. Für Mauersegler sind unsere Häusermeere (wie für die Schwalben, mit denen sie nicht verwandt sind) Ersatzlebensräume für ihre Urheimat, die Felsenregionen. Wo Mauersegler geeignete Nistplätze finden, bauen sie unter Dachrinnen oder in Mauerritzen ein ziemlich unordentliches Nest aus Federn, Pflanzenteilen oder Cellophanstreifen, die sie im Flug erhaschen. Man wird Mauersegler selten am Boden sehen, weil ihre Füße schlecht entwickelt sind. Mit ihren langen, spitzen Krallen finden sie aber an fast jeder Hausfassade einen Halt. Schon Mitte August ziehen die Vögel wieder fort ins warme Afrika, wo südlich des Äquators ihre Winterquartiere liegen.

Star

Sturnus vulgaris

Wenn über unserer Kulturlandschaft eine schwarze Vogelwolke am Himmel auftaucht, handelt es sich fast immer um Stare. Die geselligen Vögel mit den weißen Sprenkeln auf dem schwarzen Federkleid haben so gut wie alle Eigenschaften, die eine Vogelart in einer vom Menschen geprägten Umwelt erfolgreich machen kann. Sie stellen keine besonderen Ansprüche an ihre Brutplätze: Nistkästen, Spechthöhlen, Mauerlöcher oder gar ausgediente Kaninchenbauten – alles ist ihnen hierfür recht. Und sie haben sich auf eine Kost eingestellt, die in fast jedem Garten zu finden ist: Regenwürmer, Schnecken, Spinnen, Insekten, Samen, Kirschen und Beeren. Die in Gemeinschaft unentwegt »schwatzenden« Stare, einst Zugvögel, werden von Ornithologen heute als Teilzieher bezeichnet. Sie tun nämlich das, wovon wir Menschen zuweilen träumen: Sie entscheiden nach den jeweils herrschenden Temperaturen, ob sie hier bleiben oder in wärmere Gefilde ziehen.

Gartenbaumläufer

Certhia brachydactyla

Wenn Gartenbaumläufer auf Nahrungssuche sind, klettern sie ruckartig über die Baumrinde. Manchmal umkreisen sie den Baumstamm auch in Spiralen, bis sie eine Insektenlarve oder eine Spinne gefunden haben. Ihr spitzer, gebogener Schnabel eignet sich besonders gut zum Stochern in der rissigen Borke, und manchmal stützen sie sich auf ihren Schwanz, um ein widerspenstiges Insekt aus seinem Versteck zu zerren. Gartenbaumläufer unterscheiden sich mit ihrer weißen Unterseite und dem braunen Federmäntelchen kaum vom verwandten Waldbaumläufer Certhia familiaris. *Waldbaumläufer leben aber eher in dichten Misch- und Nadelwäldern, während Gartenbaumläufer nicht selten in Gärten oder Parks zu beobachten sind. Zum Schutz gegen Winterkälte suchen Gartenbaumläufer in eisigen Frostnächten Baumhöhlen oder auch Schuppen und Scheunen auf, wo sie sich dicht aneinander drängen und so die Körperwärme besser speichern können.*

Stieglitz

Carduelis carduelis

Als es noch gang und gäbe war, einheimische Singvögel in Käfige zu sperren, fristete mancher Stieglitz sein Dasein hinter Gitterstäben. Der überaus hübsche Vogel mit der rot-weißen Gesichtsmaske und den gelben Streifen auf den dunklen Flügeln war zudem beliebt wegen seines melodischen Gesanges, ein immer wiederkehrendes »tiglitt«, dem er seinen Namen verdankt. Den Zweitnamen »Distelfink« hat ihm seine Vorliebe für die Samen von Kratzdisteln und Kletten eingetragen. Diese vom Menschen als »Unkräuter« angesehenen Pflanzenarten sind weitgehend verschwunden. Nur am Rande von Mülldeponien oder ungenutzten Agrarflächen bilden Kratzdisteln und Kletten mitunter noch größere Bestände, und dort trifft man auch den Distelfinken. Im Frühjahr lässt sich der farbenprächtige Vogel hin und wieder in Gärten sehen, wo er nach kleinen Insekten jagt. Doch nur ein hoher Baum mit ausladenden Ästen wird ihn dazu bringen, hier sein Nest zu errichten.

Gartengrasmücke

Sylvia borin

Die Gartengrasmücke bezieht ihr Quartier am liebsten in lichten Laubwäldern und hält sich dort im Buschwerk auf, wo sie auch, gut versteckt, ihr Nest errichtet. Deshalb wird man den kleinen Vogel (er ist vierzehn Zentimeter groß) mit dem schmucklosen Gefieder in der Regel auch nur in größeren Gärten antreffen, in denen ihm Wildsträucher oder Hecken Unterschlupf- und Nistmöglichkeiten bieten. Im Mai oder Juni baut das Männchen mehrere Nester und entscheidet sich dann mit dem Weibchen seiner Wahl für den besten Nistplatz. Aus meist fünf blassgrün gesprenkelten Eiern brütet das Weibchen (mit Ausnahmen allein) in etwa zwölf Tagen die Jungen aus, die dann nach weiteren zehn Tagen das Nest verlassen können. Gartengrasmücken sind Sommervögel, die uns vom Mai an mit ihrem melodischen Gesang erfreuen. Im September ziehen sie in die Savannenwälder Afrikas, einige sogar bis in den Südwesten des Kontinents.

Schleiereule

Tyto alba

Durch moderne Isoliertechnik, den Ausbau von Dachstühlen, zugenagelte Einschlupflöcher in Kirchtürmen und Häusern und den Abriss alter Scheunen oder Stallgebäude ist die Schleiereule in Wohnungsnot geraten. Sie gehört damit zu den wenigen Vogelarten, denen man allein schon durch die Wieder-Öffnung vertrauter Schlaf- und Nistplätze oder die Schaffung neuer Unterkünfte helfen kann.

Eulen sind bekannt für ihre gute Nachtsicht, ihr feines Gehör und ihren eleganten Flug. Auch die Schleiereule macht hiervon keine Ausnahme. Sie erkennt eine Maus schon aus großer Entfernung und nähert sich ihr mit lautlosen Flügelschlägen. Dieser »schallgedämpfte« Flug wird möglich, weil sie ein seidenweiches Gefieder und geräuschdämpfende Borsten an den Schwungfedern besitzt. Bei Vollmond sieht eine Schleiereule etwa zehnmal besser als ein Mensch. In stockdunkler Nacht allerdings ist auch sie so gut wie blind. Doch sie hört nach allen Richtungen und kann eine Maus schon beim leisesten Rascheln orten. Der Federkranz um ihr Gesicht nimmt Geräusche wie eine Parabolantenne auf und leitet sie weiter zu den unter den Federn verborgenen Ohren.

Im Gegensatz zur Präzision, mit der die Schleiereule beim nächtlichen Beutefang zu Werke geht, erscheint uns ihr Nestbau geradezu chaotisch.

Sie würgt die unverdaulichen Reste ihrer Beutetiere (Knochen, Haare, Federn) aus und türmt sie zu einem immer höher werdenden Haufen. Auf dem ausgewürgten Gewölle legt sie ihre Eier. Die Anzahl der gelegten Eier liegt zwischen vier und elf und richtet sich nach dem Aufkommen der Beutetiere. Gute Mäusejahre sind demzufolge auch gute Schleiereulenjahre. Mitunter kommt es sogar zu einer zweiten Brut.

Steinkauz

Athene noctua

»Unser Steinkauz, der liebenswürdige und doch so verschriene Vogel, auch Sperlings-, Lerchen- und Scheunenkauz, Leichen- und Toteneule, Leichenhühnchen, Klagemutter, Leichen- und Totenvogel, in Österreich Wichtl genannt, zählt zu den kleinsten Eulen unseres Vaterlandes.« So beginnt Alfred Brehm in seinem »Tierleben« die bekannte Eulenart mit den schwefelgelben Augen zu beschreiben. Und weiter: »Seine geistigen Fähigkeiten sind auch wirklich nicht gering, er darf wohl als eine der verständigsten Eulen angesehen werden ...«

Allezeit wurden dem Steinkauz besondere Eigenschaften angedichtet, seine wahren verkannt und ihm schlechte zugeschrieben. In Griechenland wurde er als heilig verehrt und Athene, der Göttin der Weisheit, geweiht. Man hat ihn Ende des 19. Jahrhunderts in England eingebürgert, wo ihn die Jäger beschuldigen, nichts anderes im Sinn zu haben, als die Küken von Rebhühnern und Fasanen zu schlagen, obwohl er sich hauptsächlich von Insekten, Würmern und Mäusen ernährt.

Baumhöhlen, Felsspalten, ein ausgedienter Kaninchenbau, Kamine, Scheunen und Schuppen können dem Steinkauz als Nistplatz dienen. Dort beginnt das Steinkauzweibchen, im Gegensatz zur Schleiereule, erst mit dem Brüten, wenn es alle Eier gelegt hat. Die jungen Steinkäuze verlassen schon

früh die Brutstelle und sind zu dieser Zeit noch flugunfähig. »Verlassene« Steinkauzjunge, die uns mit ihren großen Augen anschauen, gehören keinesfalls in unsere Obhut. Vor uns verborgen sind die Eltern mit ihnen in Rufkontakt und versorgen sie so lange, bis sie sich selbst ernähren können.

Reptilien

Blindschleiche

Anguis fragilis

Schon mancher Gärtner hat erschrocken berichtet, er habe beim Wenden seines Komposthaufens eine Schlange entdeckt, und schlimmer noch, er habe sie auf der Stelle totgeschlagen. Die weit verbreitete Furcht vor Schlangen hat schon mancher Blindschleiche, die zu den harmlosen Eidechsen zählt, das Leben gekostet. Abgesehen von der Tatsache, dass die Blindschleiche keinen Giftzahn besitzt, lässt sich ihre Zugehörigkeit zu den Echsen auch an anderen typischen Merkmalen erkennen: Blindschleichen haben keinen starren Schlangenblick, sondern können ihre Augenlider schließen. Sie sind wie Eidechsen in der Lage, bei Bedrohung einen Teil ihres Schwanzes abzuwerfen. Die fußlose Echse, die heute wie alle heimischen Reptilienarten unter Naturschutz steht, braucht Verstecke in Erdlöchern, unter Steinen oder Reisighaufen, wenn man ihr im Garten ein Zuhause geben will. Hier wird sie bei Einbruch der Dämmerung Jagd auf Insekten, Würmer oder Nacktschnecken machen; ein weiterer Grund, sie in unserer Umgebung willkommen zu heißen.

Zauneidechse

Lacerta agilis

Mit einer Trockenmauer oder einem Steinhügel, in denen die Fugen nicht vermörtelt sind, lässt sich an einem sonnigen Platz im Garten ein ideales Revier für Zauneidechsen gestalten, denn wenn die wechselwarmen Tiere morgens aus ihren Verstecken kriechen, brauchen sie zunächst ein Sonnenbad, um ihre Körperfunktionen in Gang zu bringen. Auch tagsüber halten sie sich gern auf aufgeheizten Steinen auf. Dann scheint es so, als »döse« die Zauneidechse in der Sonne vor sich hin. Doch sie beobacht ihre Umgebung aufmerksam und huscht sofort in ihr Versteck, wenn sie beunruhigt ist.

Im Frühling zeigt das Eidechsen-Männchen nach der Häutung ein leuchtend grünes Hochzeitskleid und verteidigt dann sein Revier energisch gegen eindringende Artgenossen. Das Weibchen, das in der Paarungszeit sein braunes Tarnkleid behält, legt später etwa fünfzehn Eier in eine selbst gegrabene Bodenmulde. Die Eier sind mit einer klebrigen Schutzhülle umgeben und bleiben sich selbst überlassen. Je nach Witterung und Sonneneinstrahlung schlüpfen die Eidechsen-Jungen nach zwei bis drei Monaten. Sie sind nur etwa daumenlang und dennoch schon in der Lage, für sich selbst zu sorgen. Aber in langen Schlechtwetter-Perioden kommt es oft gar nicht dazu, dass die Jungen aus den Eiern schlüpfen. Die Eigelege werden vom Regenwasser fortgespült und von anderen Tieren gefressen oder sie verpilzen in ihren nass-kalten Erdverstecken.

Amphibien

Feuersalamander

Salamandra salamandra

Sollte sich ein Feuersalamander in unserem Garten einstellen, wird man ihn an seiner typisch schwarzen Grundfärbung mit einem gelben Fleckenmuster leicht erkennen. Ähnlich wie der Teichmolch sucht der Feuersalamander im Garten Unterschlupf und Schutz unter Brettern, Steinen, Laub- und Reisighaufen. Der selten gewordene Schwanzlurch hat seine ursprünglichen Lebensräume in den feuchten, kühlen Quellregionen sauberer Bäche, die in lichten Laubwäldern liegen. Feuersalamander können ein ungewöhnlich hohes Alter von dreißig Jahren erreichen. Die lebendgebärdenden Weibchen setzen nach einer Tragzeit von etwa acht Monaten ihre Larven in den ruhigeren Bereichen von Quelltümpeln ab. Die Larven haben bei der Geburt bereits ausgebildete Beine, benötigen aber noch etwa fünf Monate bis sie vollständig entwickelt sind. Danach verlassen die jungen Salamander das Geburtsgewässer und suchen sich an Land geeignete Reviere mit feuchten Tagesverstecken, um ihre empfindliche Haut vor dem Austrocknen zu schützen.

Insekten

Schmetterlinge
Zitronenfalter

Gonepteryx rhamni

Der Zitronenfalter ist bei der Wahl seiner Lebensräume ziemlich anspruchslos. Man trifft ihn häufig im Gebirge bis 2.000 Meter Höhe, über Wiesen, Ödland und auf Waldlichtungen ebenso wie im Garten. Aber er tritt nie in großen Massen auf. Der Zitronenfalter benötigt kein besonderes Winterquartier. Er ist in der Lage, durch Wasserausscheidungen den Gefrierpunkt des eigenen Körpers herabzusetzen, um dann unter Falllaub oder Reisighaufen selbst längere Frostperioden zu überleben. Schon in den ersten warmen Vorfrühlingstagen erwachen die Falter aus ihrer Kältestarre und man sieht sie dann bei ihren imposanten Hochzeitsflügen.

Kleiner Fuchs

Aglais urticae

Ohne die Brennnessel würde es auch den Kleinen Fuchs nicht geben. Das häufige Auftreten dieses hübschen Falters verdanken wir demzufolge einer Pflanzenart, die als lästiges Unkraut betrachtet und im Garten kaum geduldet wird. Die dunkelgefärbten Raupen des Kleinen Fuchses sind ausschließlich von Brennnesselstauden als Futterpflanzen abhängig. Dort leben sie bis zu ihrer letzten Häutung gesellig unter den Blättern verborgen.

Der Kleine Fuchs fliegt von Mai bis August in zwei Generationen. Im Spätsommer suchen die Falter ihre Winterquartiere auf. Wenn man ihnen Einlass in Dachböden, Scheunen und Schuppen gewährt, finden sie in Mauerlöchern und Holzspalten geeignete Verstecke.

Tagpfauenauge

Inachis io

Mit seinen markanten Augenflecken auf den Flügeldecken hat das Tagpfauenauge schon manchen Vogel, der ihm nach dem Leben trachtete, erschreckt und in die Flucht geschlagen. Aber auch mit zugeklappten Flügeln, die täuschend an ein welkes Blatt erinnern, versteht es der Falter, seine Widersacher hinters Licht zu führen. Diese Abwehrstrategie mag dazu beigetragen haben, dass das Tagpfauenauge neben dem Kohlweißling hierzulande der wohl häufigste Schmetterling ist. In entsprechend großer Zahl treten auch seine unscheinbar gefärbten Raupen auf, die meist gesellig unter den Blättern von Brennnesselstauden leben. Zum Überwintern suchen die Falter geschützte Plätze im Dachstuhl von Häusern, in Schuppen oder Scheunen auf.

Futterpflanzen für die Raupen: *Brennnessel, Wilder Hopfen*

Landkärtchen

Araschnia levana

Wie der Kleine Fuchs ist auch das Landkärtchen beziehungsweise seine Raupe ausschließlich an die Brennnessel als Futterpflanze gebunden. Charakteristisch für das Landkärtchen sind kunstvolle Eitürmchen, die das Falterweibchen an der Blattunterseite von Brennnesseln ablegt. Sie bestehen aus etwa zehn bis fünfzehn aneinander geklebten Einzeleiern, aus denen später die schwarzen Raupen schlüpfen. Landkärtchen fliegen in zwei Generationen von April bis Juni und Juli bis August. Dabei hat jede Generation farblich ein anderes Aussehen. Die Falter der ersten Generation (Frühjahrsform) sind auf den Flügeln orangefarben und zeigen ein markantes schwarzes Farbmuster, das von einigen weißen Flecken unterbrochen wird. Die zweite Generation (Sommerform) zeigt eine schwarze Grundfarbe mit einer gelblichen Querbinde.

C-Falter

Polygonia c-album

Auch die Raupen des C-Falters fressen mit Vorliebe an Brennnesseln; sie sind aber auch an Haseln, Ulmen und Weiden oder an Johannisbeer- und Stachelbeersträuchern zu finden. Der C-Falter ähnelt mit geöffneten Flügeln ein wenig dem Kleinen Fuchs. Wenn der Falter seine Flügel zusammenlegt, wird an der Unterseite ein kleines, silbrig glänzendes C erkennbar, das ihm seinen Namen gab. Von diesem Merkmal abgesehen, erinnert der C-Falter mit geschlossenen Flügeln jedoch eher an ein zerfranstes, welkes Blatt. Mit diesem Tarntrick (Mimese) gelingt es ihm, Fressfeinde wie Vögel hinters Licht zu führen.

Achateule

Phlogophora meticulosa

In unseren Gärten wird sich die Achateule nur hin und wieder als Gast einfinden, und man mag kaum glauben, dass dieses federleichte, unscheinbare Geschöpf ein welterfahrener Flieger ist. Aus dem Mittelmeerraum kommend überquert die Achateule alljährlich im Frühjahr die Alpen, um zu uns zu gelangen. Hier lebt sie den Sommer über vornehmlich an nassen Waldrändern, auf Feuchtwiesen, in Laubmischwäldern oder großen Parkanlagen. Aber auch dort wird man sie nur beim genauen Hinschauen zu Gesicht bekommen, da sie neben der Bodenvegetation einem zusammengerollten, verwelkten Blatt sehr ähnlich sieht.

Futterpflanzen für die Raupen: *Brennnessel, Taubnessel, Himbeere, Farne, Storchschnabel*

Mittlerer Weinschwärmer

Deilephila elpenor

Auwälder, Flussniederungen und Waldlichtungen sind die bevorzugten Lebensräume des Mittleren Weinschwärmers. Doch der stattliche, nachtaktive Falter (bis 3,7 Zentimeter groß), dessen Flug an einen Kolibri erinnert, kann auch in Naturgärten und Parkanlagen beobachtet werden. Seine Raupe lebt an Weidenröschen, Labkraut, Springkraut oder Weinreben und zeigt bei Gefahr eine raffinierte Abwehrreaktion. Sie zieht den Kopf zurück, so dass auf ihrem Rücken zwei große Augenflecken sichtbar werden, die einen Fressfeind erschrecken und in die Flucht schlagen können.

Bienen

Zweifarbige Mauerbiene

Osmia bicolor

Mauerbienen kommen in Mitteleuropa mit etwa 30 schwer voneinander zu unterscheidenden Arten vor. Die einen legen ihre Eier in Mauerritzen ab, andere benutzen die Hohlräume von Pflanzenstängeln, wieder andere leere Schneckenhäuschen, die mit einem Gemisch aus Speichel und Lehm verschlossen werden. Die solitär lebenden Mauerbienen sind schon im Vorfrühling in unseren Gärten an Krokussen und Weidenkätzchen zu sehen. Weibliche Mauerbienen besitzen eine Art Bauchbürste, mit der sie beim Besuch einer Blüte auf praktische Weise Pollen sammeln.

Zottelbiene

Panurgus calcaratus

Auf einer Löwenzahnwiese lässt sich im Frühjahr die Zottelbiene am besten beobachten. Das etwa ein Zentimeter große Insekt kriecht kreuz und quer durch die gelben Blüten, bis es vollständig mit Pollen bedeckt ist. Dann fliegt es zu seinem Bau und streift die Beute, die als Nahrung für die hungrigen Larven dient, mit den Beinen ab.

Gartenhummel

Bombus hortorum

Ob eine Gartenhummel wirklich eine Gartenhummel ist, lässt sich auf den ersten Blick nicht immer mit Bestimmtheit sagen. Mit ihrer gelbschwarzen Körperzeichnung ähnelt sie vielen verwandten Arten. Gartenhummeln legen ihre Nester in recht unterschiedlichen Hohlräumen an, die im Garten oder rund ums Haus zu finden sind: in Baumhöhlen, Erdlöchern oder Ritzen im Gebälk alter Schuppen und Scheunen. Gartenhummeln besitzen besonders lange Rüssel (bis zu zwei Zentimeter lang), mit denen sie in schlauchartige Blütenröhren eindringen können. Pflanzenarten wie Rotklee sind deshalb auf den Besuch und die Bestäubung von Hummeln angewiesen.

Wespen
Hornisse
Vespa crabro

Die Hornisse Vespa crabro *ist unsere größte einheimische Wespenart. Wie alle Faltenwespen hält sie in Ruhestellung ihre Flügel gefaltet. Aber nur wenige Menschen werden das bis zu 3,5 Zentimeter große Tier aus der Nähe betrachten, um solche Details erkennen zu können, denn der Volksglaube hat es zu einem gefürchteten Monster gemacht. Sieben Hornissenstiche, heißt es hypothetisch, würden ein Pferd umbringen, drei schon einen Menschen. Unter Umständen kann natürlich auch ein einziger Hornissenstich für einen Menschen lebensbedrohlich werden, etwa, wenn er im inneren Mundbereich erfolgt. Auch Menschen mit einer speziellen Allergie gegen Hornissengift können in ernsthafte Gefahr geraten. Panik oder gar Hysterie und Abneigung allen Wespen gegenüber sind aber völlig unbegründet. Selbst die wehrhafte Hornisse bleibt ein harmloses Geschöpf, wenn man sie in Ruhe lässt.*

Wenn im April oder Mai die ersten Hornissen am Haus oder im Garten auftauchen, handelt es sich um Weibchen, die im letzten Herbst befruchtet wurden. Sie haben als einzige Individuen eines ganzen Hornissenstaates den letzten Winter überlebt. Im Frühsommer beginnen sie an geeigneten Stellen mit dem Bau der pergamentartigen Waben, die einen neuen Staat begründen. Sie legen ihre Eier in Brutzellen ab, füttern die geschlüpften Larven und beschäftigen sich nebenher weiter mit dem Wohnungsbau. Als Material verwenden sie zerkleinerte Holzfasern, die sie mit ihrem klebrigen Speichel vermischen. Nach einigen Wochen übernehmen die geschlüpften, geschlechtslosen Arbeiterinnen dann den Wabenbau, das Füttern der Larven, die Reinhaltung und Wärmeregulierung im Hornissennest. Die Königin wird völlig von der »Hausarbeit« verschont und konzentriert sich ganz aufs Eierlegen. Gegen Ende des Sommers kann ein Hornissenstaat auf etwa 5.000 Tiere angewachsen sein, deren kurzes Leben dann aber rasch zu Ende geht. Nur die befruchteten Weibchen der neuen Generation überleben in Winterverstecken unter loser Baumrinde, auf Dachböden, in Scheunen oder Schuppen. Im Hornissennest aber sterben mit sinkenden Temperaturen die Arbeiterinnen ab und mit ihnen auch die alte Königin.

Deutsche Wespe

Vespula germanica

Wer kann schon beim Anblick einer Wespe, die uns beim Essen belästigt, sagen, ob es sich um eine Sächsische Wespe, eine Gewöhnliche Wespe oder Deutsche Wespe handelt? Um die wehrhaften Kleintiere auseinander halten zu können, müsste man sich ihre Stirnzeichnung oder ihre Hinterleibsringe genauestens ansehen. Die Deutsche Wespe hat einen Hang zu großen Bauten. Ein Nest von 30 mal 30 Zentimetern ist keine Seltenheit. Wie ihre Verwandten ist sie eher ein Jäger als ein Saftlecker. Sie ergreift Insekten im Flug, tötet sie und zerkaut ihre Weichteile, um sie dann zu Kügelchen als Nahrungsgabe für die Königin und die hungrigen Larven zu formen. Erst im Herbst beginnt sie am Saft reifer Früchte zu naschen. Deutsche Wespen errichten ihr Nest mit Vorliebe in verlassenen Mäuse- oder Maulwurfslöchern. Im September kann ein solcher Wespenstaat zu einer stattlichen Zahl von »Untertanen« angewachsen sein. Etwa 3.000 Arbeiterinnen, die das Nest bevölkern, sind nichts Ungewöhnliches.

Keinerlei Angst vor Wespen- oder Bienenstichen hat übrigens der Bienenfresser, ein farbenprächtiger Vogel aus dem Mittelmeerraum, der auch bei uns hin und wieder Brutversuche unternimmt. Er tötet die stachelbewehrten Insekten mit einer geübten Schüttelbewegung seines Kopfes, um sie anschließend zu verspeisen.

Große Lehmwespe

Delta unguiculata

Lehmwespen lähmen ihre Beute (meist Kleinschmetterlingsraupen) mit ihrem Stachel und tragen sie dann per Flug zu ihren Nestern. Ihre Baue mit einem Labyrinth von Brutkammern werden vorzugsweise in Lehmwänden angelegt. Als Ersatz werden im Garten aufgehängte Trapnester oder Halmdosen mit hohlen Pflanzenstängeln von den Hautflüglern gerne angenommen. Lehmwespen betreiben ihre Brutpflege auf eine ungewöhnliche Art. Sie heften ein Ei an die Decke der Brutkammer und tragen dann eine betäubte Falter-

raupe ein. Schlüpft die Larve aus dem Ei, findet sie mit der noch lebenden Raupe eine beträchtliche Portion an Frischfleisch vor.

Holzschlupfwespe

Rhyssa persuasoria

Holzschlupfwespen tragen ein sonderbares, etwa körperlanges und nadeldünnes Instrument am Hinterleib: ein ausklappbares Legerohr, das gleichzeitig auch ein präziser Bohrer ist. Auf den Stämmen von lebenden oder gefällten Nadelbäumen sucht die Holzschlupfwespe nach einem unfreiwilligen Wirt für ihre Brut, nach Larven von Holzwespen oder Bockkäfern, die sich im Holz verbergen. Ausgetretenes Bohrmehl, ein bestimmter Pilz, der für die Wirtslarve lebensnotwendig ist oder gar feinste Temperaturunterschiede machen die Schlupfwespe auf ihr Opfer aufmerksam. Die Bohrarbeit beginnt. Ist die Wirtslarve erreicht und angestochen, übernimmt das komplizierte Werkzeug am Hinterleib die Funktion einer Kanüle, mit der die Holzschlupfwespe ein Ei im Körper der Wirtslarve versenkt.

Käfer

Mit etwa 350.000 Arten weltweit spielen Käfer nicht nur innerhalb der Insektenwelt die dominierende Rolle; sie sind die größte und erfolgreichste Ordnung im Tierreich überhaupt. Käfer besiedeln fast alle Landschaften der Erde: unfruchtbare Wüsten, tropische Wälder, arktische Gletscher, Höhlen und Gewässer. Wir finden sie in allen Bereichen unserer Kulturlandschaft: auf Äckern, Wiesen, in Gärten und Parkanlagen. Sie führen ein verborgenes Leben unter der Erde, hausen in Mauerritzen, in Moderholz, Laubhaufen, unter Baumrinden. Im Vergleich zu vielen anderen Insektenarten sind Käfer eher plumpe Flieger und dennoch hervorragend vor Fressfeinden und anderen Gefahren geschützt, denn ihre Deckflügel bestehen aus hartem Chitin, das auch ihren Kopf und ihren Körper wie ein Schild umhüllt. Lange bevor der Mensch einfache Werkzeuge erfand, benutzten Käfer ihre Kiefer und Beine wie »Zangen«, »Greifer« oder »Scheren« – zum Ergreifen einer Beute oder um sie zu zerkleinern, zum Festklammern, Bohren, Sägen oder Graben.

Die hübschen Käfer haben den Menschen zu allen Zeiten mit ihrer Vielzahl und Gefräßigkeit erschreckt. Oft zu Unrecht, denn viele

Arten erfüllen eine wichtige biologische Funktion. Einige unscheinbare Laufkäferarten stellen beispielsweise in unseren Gärten unentwegt Würmern, Weichtieren, Kleininsekten und deren Larven nach und hinterlassen mit den ungenießbaren Resten ihrer Beute sowie mit ihrem Kot fruchtbare Bestandteile in der Bodenkrume.

Goldlaufkäfer

Carabus auratus

Der bis zu drei Zentimeter große Goldlaufkäfer mit seinen grüngold glänzenden Flügeldecken ist überwiegend am Tag unterwegs. Man sieht ihn auf Äckern, Wiesen und in Gärten. Er ähnelt dem Goldglänzenden Laufkäfer Carabus auronitens, *unterscheidet sich aber von ihm durch das Fehlen der schwarzen Rippen auf den Deckflügeln. Der Goldlaufkäfer kommt mit den ersten warmen Frühlingstagen aus seinem Winterquartier. Er ernährt sich von Schnecken und verschmäht auch die von uns kaum geschätzten Kartoffelkäfer nicht. Wo die »Gartenordnung« überhand nimmt, wird man den hübschen, nützlichen Käfer allerdings vergeblich suchen.*

Rosenkäfer

Cetonia aurata

Der leuchtend grünblau schillernde Rosenkäfer schätzt, wie sein Name schon andeutet, die Blüten von Rosen, doch man findet die wärmeliebenden Tiere auch an Doldengewächsen oder Holunderblüten. Eine Besonderheit des Rosenkäfers ist es, dass er mit geschlossenen Deckflügeln fliegen kann. Die Flügeldecken haben seitlich eine entsprechend große Aussparung, so dass sich die Hautflügel darunter entfalten können. Die Larven des Rosenkäfers entwickeln sich in Humuserde oder im Mulm alter Baumstubben und ernähren sich von abgestorbenen Pflanzenresten.

Pinselkäfer

Trichius fasciatus

Der Pinselkäfer ist ein naher Verwandter des Rosenkäfers. Mit seiner gelb-schwarzen Flügelzeichnung und seiner dichten Körperbehaarung lässt er sich aber vom Rosenkäfer leicht unterscheiden. Pinselkäfer halten sich gern auf den Blüten von Brombeeren, Margeriten oder Disteln auf. In der warmen Sonne sind die hübschen Tiere recht emsig und fliegen rasch davon, wenn sie sich bedroht fühlen. Bei Unterkühlung aber lassen sie sich genau betrachten. Dann hocken die Käfer bewegungslos in einer Blüte, vertrauen ihrer gelb-schwarzen Warnzeichnung oder heben in einer Abwehrreaktion die Hinterbeine über die Flügeldecken.

Totengräber

Necrophorus vespillo

Wenn im Garten ein toter Vogel oder eine tote Maus zu finden sind, lassen Totengräber nicht lange auf sich warten. Mit seinem empfindlichen Geruchssinn spürt das Männchen den Kadaver auf und versucht mit einem speziellen Geruchsstoff ein Weibchen anzulocken. Gemeinsam beginnen sie dann, das Erdreich unter dem toten Tier hervorzuscharren, bis der Kadaver langsam in einem schräg nach unten verlaufenden Gang versinkt. Neben dem Kadaver legt das Käferweibchen später seine Eier ab und füttert dann die geschlüpften Larven mit vorverdauter Nahrung, bis sie sich selbst von dem Aasvorrat ernähren können. Da die Larven zwischen den verschiedenen Häutungsstadien immer wieder auf den Nahrungsbrei von ihrer Mutter angewiesen sind, machen sie durch feine Kratztöne auf sich aufmerksam. Diese aufwendige Brutpflege dauert bis zum letzten Entwicklungsstadium der Larven. Sie sichert den Käfern ihren Fortbestand und ist zugleich eine unverzichtbare hygienische Dienstleistung im Kreislauf der Natur.

Sonstige Insekten

Gewöhnliche Florfliege

Chrysopaperla carnea

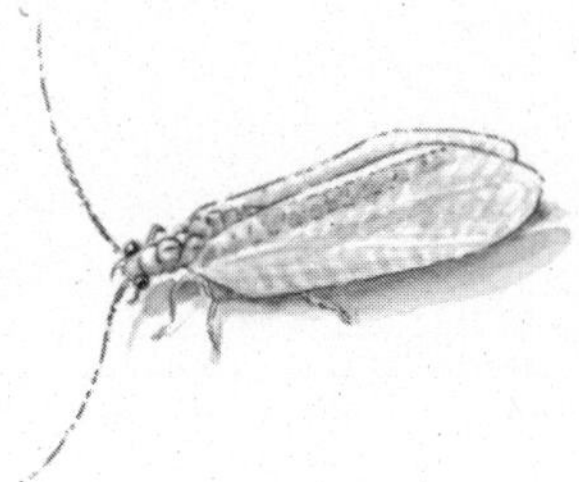

Neben den Marienkäfern gehören Florfliegen zu den eifrigsten Blattlausvertilgern. Sie verzehren ihre Beute aber nicht bei lebendigem Leib, sondern spritzen der Laus ein giftiges Sekret ein, das diese tötet und ihr Inneres in kurzer Zeit verflüssigt. Dann beginnt die Florfliege ihr Opfer auszusaugen. Florfliegen kommen in Mitteleuropa mit etwa zwanzig schwer voneinander zu unterscheidenden Arten vor. So zart und zerbrechlich uns diese Netzflügler auch erscheinen mögen, sind sie doch den Gefahren ihrer Umwelt nicht schutzlos ausgeliefert. Einige Florfliegenarten werden erst in der Dämmerung und in der Nacht aktiv. Sie besitzen an ihren Vorderflügeln ein Organ, mit dem sie Ultraschalltöne hören können; es bietet Schutz vor Fledermäusen, die sich zur gleichen Zeit auf Insektenjagd befinden. Chrysopaperla carnea, *unsere vielleicht bekannteste Art, besitzt an der Vorderbrust eine »Stinkdrüse«, die sich entleert, wenn ein Räuber nach der Florfliege schnappen will. Aber auch tagsüber, wenn die Tiere unter Blättern oder Gräsern ruhen, sind sie vor Feinden ziemlich sicher, denn ihr lang gestreckter grüner Körper und ihre transparenten Flügel machen sie in der Vegetation fast »unsichtbar«. Wenn Florfliegen in größerer Zahl vor der Fensterscheibe zu sehen sind, suchen sie Einlass in unser Haus und der Winter steht vor der Tür. Im Hausflur, im Wintergarten oder in der Bodenkammer suchen sie ein Versteck für die kalte Jahreszeit.*

Wanzen

Heteroptera

Wanzen sind besser als ihr Ruf. Sie sind in der Mehrzahl Landbewohner, nur wenige Arten haben sich dem Leben im Wasser angepasst. Wanzen durchleben eine unvollständige Verwandlung ohne Ruhestadium, das heißt die aus dem Ei geschlüpfte ungeflügelte Larve häutet sich etwa fünf Mal, wobei sie dem fertigen Insekt immer ähnlicher wird. Nur wenige Wanzenarten wie etwa die ***Getreidewanze*** **Eurygaster maura** *oder die* ***Stachelwanze*** **Acanthosoma haemorrhoidale** *ernähren sich rein vegetarisch, indem sie mit ihrem Rüssel Saft aus Pflanzenteilen oder Bee-*

ren saugen. Das Heer der Raubwanzen, zu denen die häufig auftretende ***Zweizähnige Dornwanze*** **Picromerus bidens** *oder die* ***Sichelwanzen*** **Nabis sp.** *gehören, hält sich dagegen an fleischliche Kost. Sie stechen ihre Beute mit dem Saugrüssel an, injizieren ihr ein lähmendes Gift, um sie anschließend auszusaugen. Neben Schmetterlingsraupen gehören Blattwespen, Spinnmilben und Blattläuse zu ihren bevorzugten Opfern, Kleintiere also, die bei Gartenfreunden wenig Sympathie besitzen.*

Grünes Heupferd

Tettigonia viridissima

Die Männchen des Grünen Heupferdes »singen« mechanisch und zwar mit den Flügeln, indem sie mit einer gerippten Schrillader am linken Flügel über die aufgebogene Schrillkante des rechten Flügel hinwegstreichen. Wenn das lautstarke Zirpen eines Grünen Heupferdes erklingt, sperren die Weibchen oder konkurrierende Männchen dieser Art »ihre Knie auf«. Dort nämlich befindet sich ihr Hörorgan, mit dem sie feinste Töne, bis in den Ultraschallbereich, empfangen können. Wenn also die Gesangsduelle der Heupferdmännchen oder ihr Werbegesang um Weibchen an einem warmen Sommerabend plötzlich abreißen, bedeutet dies keinesfalls das Ende ihres Konzerts, wir sind mit unseren Ohren nur nicht mehr imstande, es zu hören.

Das Grüne Heupferd war früher auf Wiesen, Feldfluren, in großen Gärten und Parkanlagen häufig anzutreffen. Heute fällt es der stattlichen, leuchtend grünen Laubheuschrecke zunehmend schwerer, sich in den Monokulturen der modernen Land- und Forstwirtschaft zurechtzufinden.

Gewöhnlicher Ohrwurm

Forficula auricularia

Ohrwürmer sind weder Würmer, noch haben sie die Absicht, uns in die Ohren zu kriechen und zu kneifen. Ohrwürmer leben tagsüber gesellig unter Steinen, Laub oder Brettern verborgen. In der Nacht streifen sie auf der Suche nach Nahrung umher, die aus lebenden und toten Insekten, zarten Pflanzentrieben oder Blütenteilen besteht. Da Ohrwürmer sich an keine bestimmte Kost halten, sondern eher »Allesfresser« sind, betrachten sie manche Gärtner mit zwiespältigen Gefühlen. Der Ohrwurm ist zwar ein geschätzter Schädlingsjäger, der eine Blattlauskolonie gehörig dezimieren kann, aber man wird ihn im Herbst vielleicht auch am Stielansatz reifer Äpfel finden, wo er die Schale durchgeknabbert und sich im Inneren der Frucht verkrochen hat.

Wenn man im Garten einen Stein oder ein Stück Holz anhebt, unter dem sich das Tagesquartier von Ohrwürmern befindet, laufen die quirligen Insekten sofort in Panik davon. Eigentlich könnten sie auch davonfliegen, aber die Vorbereitungen zum Start sind ziemlich langwierig. Ihre transparenten Flügel sind unter ihren Flügeldecken derart kompliziert verpackt, dass sie die Insekten nur unter Zuhilfenahme der zangenartigen Schwanzanhänge entfalten können.

Die Häufigkeit der Ohrwürmer steht in engem Zusammenhang mit ihrem intensiven Brutverhalten. Im Frühjahr und Herbst legt das Ohrwurm-Weibchen etwa vierzig Eier in eine Bodengrube, bewacht sie unentwegt und wendet sie einzeln, um sie vor Pilzbefall zu schützen. Ähnlich behütet wachsen später auch die Larven heran, denn wenn sie nach ihrer zweiten Häutung an die Oberfläche kommen, werden sie weiter von der Mutter bewacht und gegen Feinde verteidigt.

Ameisen

Formicidae

Der oft gelobte Sozialstaat der Ameisen funktioniert ähnlich wie bei den Bienen nach dem Prinzip der Arbeitsteilung. Unfruchtbare flügellose Arbeiterinnen widmen sich dem Nestbau, der Nahrungsbeschaffung und Brutpflege, während sich die größere Königin im Inneren der Kolonie mit der Eiablage beschäftigt. Die Neugründung eines Ameisenstaates kann man in den Sommermonaten von Mai bis Juli beobachten. Dann kommen geflügelte Männchen und ebenfalls flugfähige junge Königinnen der ***Schwarzen Wegameise*** **Lasius niger** *in Scharen unter Steinen und Wegplatten im Garten hervor und schwirren aus zum Hochzeitsflug. Bald darauf sterben die Männchen. Die befruchteten Königinnen werfen ihre Flügel ab und graben sich in die Erde ein, um einen neuen Staat zu gründen. Schwarze Wegameisen ernähren sich bevorzugt vom Honigtau der Blatt- und Schildläuse. Diese süße Zuckerausscheidung erhalten sie tröpfchenweise, wenn sie die Blattsauger am Hinterleib mit ihren Fühlern betasten. Um die Kolonien der Blattläuse stets wiederzufinden, markieren die Ameisen den Weg dorthin mit einem Duftstoff. Einige Ameisenarten kümmern*

sich fast fürsorglich um ihre Nahrungslieferanten. Sie beschützen sie vor Feinden oder tragen sie zu geeigneten Futterpflanzen. In manchen Kolonien der Schwarzen Wegameise werden Blattläuse gar wie Haustiere gehalten. Die Pflanzensauger ernähren sich im unterirdischen Erdlabyrinth von Wurzelsäften und der süße Honigtau wird ihnen von den Ameisen an Ort und Stelle abgezapft.

Gelbe Wegameisen **Lasius flavus** *errichten ihre Nester bevorzugt im Wurzelbereich trockener Rasenflächen. Mit ihrer Vorliebe für den Honigtau von Wurzelläusen gehen Gelbe Wegameisen sogar so weit, dass sie die Eier der Wurzelsauger einsammeln, um sie in ihren eigenen Nestern sicher zu überwintern. Gelbe Wegameisen streifen auf der Nahrungssuche im Garten und äußeren Hausbereich weit umher – auf festgelegten Straßen, die sie mit ihren Duftstoffen markieren.*

In verrottenden Baumstubben und hohlen Bäumen hausen die ***Glänzend-schwarzen Holzameisen*** **Lasius fuliginosus**. *Sie errichten aus zerkautem Holz so genannte Kartonnester, die sich in eine Vielzahl von Wänden und Kammern unterteilen. Wie die meisten Ameisenarten verfügt auch die Holzameise über ein sensibles Geruchsvermögen, mit dem sie Individuen der eigenen Art von denen anderer Arten unterscheiden kann. Artfremde Eindringlinge in das hölzerne Labyrinth werden demzufolge energisch bekämpft und vertrieben.*

Spinnen

Gartenwolfsspinne

Pardosa hortensis

Gartenwolfsspinnen werden wegen ihrer grauen Tarnfärbung und geringen Größe (0,6 Zentimeter) meist übersehen. Sie gehören jedoch neben einer Reihe sehr ähnlicher Arten zu den häufigsten Gartenbewohnern. Im zeitigen Frühjahr kommen sie aus ihren Winterverstecken unter Baumrinde, Reisighaufen oder Nischen in Schuppen und Ställen hervor. Sie bauen keine Fangnetze, sondern stellen kleinen Beutetieren am Boden nach. Im Frühsommer trifft man die Gartenwolfsspinne mit einem weißen Eipaket an, das an ihrem Hinterleib angeheftet ist. Dort entwickeln sich die Jungspinnen zwischen zwei Häutungen. Danach beißt die Spinne die Eihülle durch. Die jungen Spinnen krabbeln auf den Rücken der Mutter, krallen sich in ihrem Haarpelz fest und werden so noch etwa zehn Tage zum Schutz vor Fressfeinden herumgetragen.

Zebraspinne (auch Wespenspinne)

Argiope bruennichi

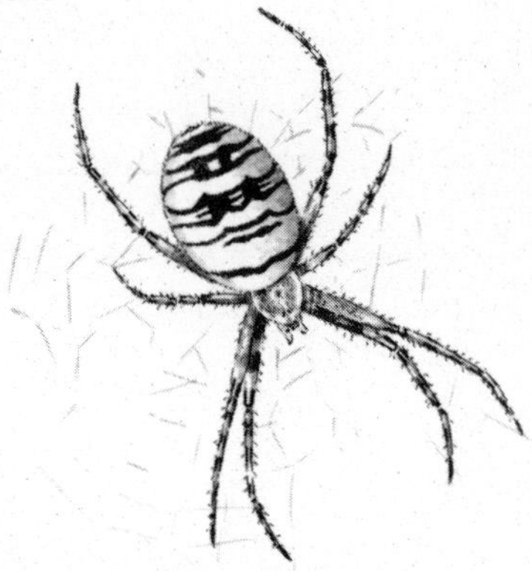

Mit ihren schwarz-gelben Querstreifen auf dem Körper wirkt die Zebra- oder Wespenspinne ein wenig exotisch in unserer Wiesenlandschaft. In der Tat ist sie erst im Laufe des 20. Jahrhunderts bis ins nördliche Europa vorgedrungen; ihre ursprüngliche Heimat liegt in den wärmeren Mittelmeerländern. Ungewöhnlich wie die stattliche (bis zwei Zentimeter große) Spinne mit der auffälligen Warntracht ist auch ihr Netz, das sich grundsätzlich von dem anderer Spinnenarten unterscheidet. Es besteht aus stark verdickten klebrigen Spinnfäden, die zu einer langen, silbrigen Spirale geformt sind und selbst größere Beutetiere wie Grashüpfer so lange festhalten, bis sie die Spinne überwältigt hat. Unscheinbar und winzig wirkt dagegen das Spinnenmännchen. Es tritt eigentlich nur bei der Befruchtung in Erscheinung, womit sein Schicksal meist besiegelt ist, weil es das gefräßige Spinnenweibchen danach kurzerhand verspeist.

Grüne Huschspinne

Micromata rosea

Durch ihre hellgrüne Körperfärbung ist die Grüne Huschspinne in der Vegetation nur schwer zu entdecken. Aber die Tarnkünstlerin kennt noch andere Tricks, um sich in der Umgebung, in der sie auf Beute lauert, unsichtbar zu machen. Einem Grashalm oder einem Pflanzenstängel passt sich die Spinne nämlich auch mit ihrer Körperhaltung perfekt an. Die Beine lang gestreckt und den Körper auf den Halm gepresst, lauert die Insektenjägerin auf ihre Beute. Taucht ein Insekt in ihrer Nähe auf, rennt und springt die Spinne hinterher und ergreift es kurzerhand. Die spontane Art, mit der das Spinnenweibchen seine Opfer fängt, wird wiederum für das viel kleinere Spinnenmännchen zum Problem, wenn es sich dem Weibchen auf Freiersfüßen nähert. Er muss ihr erst einmal durch ein kompliziertes Balzritual zu erkennen geben, dass es sich bei ihm keineswegs um ein Beuteobjekt handelt.

Raubspinne

Pisaura mirabilis

Obwohl die Raubspinne Pisaura mirabilis *keine Fangnetze webt, gehören Spinnfäden doch zu ihrem »Handwerkszeug«. Stürzt sie beim Beutefang von einem Blatt, ergreift sie mit ihren Hinterbeinen einen Sicherheitsfaden, an dem sie wieder auf den Ansitz klettert. Wenn sie im Hochsommer ihren großen Eikokon mit ihren Mundwerkzeugen herumträgt, ist auch er mit einer Reihe von Spinnfäden gesichert. Vor dem Schlüpfen der Jungspinnen heftet die Raubspinne einige Blätter mit Spinnfäden zusammen und klebt den Kokon darunter fest. Über dem Kokon errichtet sie dann mit Spinnseide eine größere Glocke, in der sie ihre Jungen zusammenhält und noch etwa acht bis zehn Tage bewacht.*

Gliedertiere

Rollassel

Armadillidium vulgare

Krebstiere in Haus und Garten? Ja, und mitunter in großer Zahl, denn Asseln gehören zu dieser urweltlichen Tiergruppe. Neben Scharen von Mauer- und Kellerasseln findet man auch die seltenere Rollassel, die sich gern unter Brettern, Wegplatten oder im feuchten Falllaub verbirgt. Bei Gefahr rollen sich die Tiere sofort zu einer Kugel zusammen und ihre empfindlichen Fühler und Beine sind so durch einen beweglichen Panzer aus hartem Chitin geschützt. Obwohl Asseln im Laufe ihrer Entwicklungsgeschichte zu Landbewohnern geworden sind und über lungenähnliche Organe zum Atmen verfügen, bevorzugen sie immer noch feuchte Verstecke im Haus und Gartenbereich. Die Chitinhülle schützt die Tiere auch vor Austrocknung an heißen Sommertagen.

Glanzschnurfüßer

Cylindroiulus nitidus

Ein weiterer, etwas merkwürdiger und stammesgeschichtlich uralter Gartenbewohner ist der Glanzschnurfüßer, der im Moderlaub unter Sträuchern und Bäumen ein heimliches Leben führt. Die glänzend braunen Tiere gehören zur Gruppe der Tausendfüßer (Myriapoda). *Vereinfacht gesagt besitzen sie damit so viele Beine, dass man sie ohne exakte Untersuchung nicht zählen kann (je nach Art können es bis zu 340 Beinpaare sein). Im feuchten Bodenbereich zerkleinert und verzehrt der Glanzschur-*

füßer fast ausschließlich abgestorbenes pflanzliches Material, so dass man ihn neben den Asseln zu jenen unermüdlichen Helfern im Garten zählen kann, die als wichtige Humusbildner gelten.

Brauner Steinläufer

Lithobius forficatus

Auf nur fünfzehn Beinpaaren bewegt sich der Braune Steinläufer, der zur Familie der Hundertfüßer (Chilopoda) *gehört, durch die Gartenlandschaft. Auch seine bevorzugten Reviere sind feucht und dunkel. Man findet ihn in etwas muffigen Kellerecken, unter loser Baumrinde, Laub und Steinen. Der Braune Steinläufer ernährt sich von Asseln, Insekten, Spinnen und Regenwürmern. Mit seinen Fühlern »ertastet« sich der Braune Steinläufer seine Opfer, greift sie mit seinen Kieferzangen und injiziert ihnen dabei gleichzeitig ein Gift, das für den Menschen aber ungefährlich ist.*

Weichtiere

Schnecken

Gastropoda

Schnecken besitzen nur ihre Schleimschicht als Verdunstungsschutz. Deshalb meiden sie die pralle Sonne und ziehen sich tagsüber in kühle, feuchte Verstecke zurück. Schleim spielt auch bei der Fortbewegung der trägen Tiere eine Rolle. Sie sondern ihn ständig aus einer Drüse unterhalb ihrer Mundöffnung ab und kriechen auf ihm wie auf einer Rutschbahn dahin. Schnecken sind Zwitter, aber sie benötigen zur Befruchtung ihrer Eier den Samen eines Artgenossen. Mit ihren winzigen Linsenaugen am Ende der oberen »Fühlhörner« können Schnecken nur wenige Zentimeter weit sehen, auf ihrem Körper sind jedoch eine große Anzahl von Sinneszellen verteilt, die auf Helligkeitsunterschiede sowie auch auf Berührung reagieren.

Für Gehäuseschnecken wie die ***Garten-Bänderschnecke*** **Cepaea hortensis** *ist Kalk ein lebenswichtiges Baumaterial. Die Tiere nehmen es in Form von Kalksalzen mit ihrer pflanzlichen Nahrung auf oder sondern mit ihrer Kriechsohle ein saures Sekret ab, das Kalk direkt aus dem Boden löst. Mit dieser Substanz reparieren sie ihr Gehäuse, wenn es beschädigt ist, oder sie verschließen es von innen mit einem Kalkdeckel, wenn sie sich an einen frostgeschützten Platz zur Winterruhe zurückgezogen haben.*

Noch besser als die Garten-Bänderschnecke ist die ***Weinbergschnecke*** **Helix pomatia** *durch ihr stabiles Kalkhaus vor Widersachern wie etwa hungrigen Drosseln geschützt. Ihr ärgster Feind ist jedoch seit jeher der Mensch. Früher richtete die überaus häufige Weinbergschnecke beträchtliche Schäden an den Rebstöcken an. Später musste sie gar unter Schutz gestellt werden. Der Einsatz von Düngemitteln und Insektiziden in der Rebenlandschaft hatte die Weinbergschnecke beinahe ausgerottet. Heute wird die große Gehäuseschnecke mit einer gewissen Sympathie betrachtet. Manche Menschen schätzen sie als Delikatesse. Aufgeschlossene Gärtner sehen ihr ihren Appetit auf Kulturpflanzen nach, weil auch die Eier der Roten Wegschnecke auf ihrem Speisezettel stehen. Die* ***Rote Wegschnecke*** **Arion rufus** *gehört seit jeher zu jenen Tieren im Garten, die (oft mit scheußlichen Methoden) unerbittlich verfolgt und vernichtet werden. Sie verzehrt innerhalb von 24 Stunden pflanzliche Nahrung bis zur Hälfte ihres Körpergewichtes, und schlimm wird es dann, wenn es zu einem nächtlichen Massentreffen der gefräßigen Weichtiere kommt. Radikale chemische Vernichtungsmaßnahmen haben aber oft zur Folge, dass neben den Schnecken auch ihre natürlichen Feinde auf direktem oder indirektem Wege mit vergiftet werden. Das sind neben Vögeln, Igeln oder Spitzmäusen auch so unscheinbare Gartenbewohner wie der Schaufellaufkäfer, die Larven von Glühwürmchen, Ameisen oder Weberknechte.*

Würmer

Gewöhnlicher Regenwurm

Lumbricus terrestris

Ohne Regenwürmer wäre es um unsere Böden schlecht bestellt. Sie durchstreifen unentwegt die Gartenerde. Dabei ernähren sie sich von verrottenden organischen Stoffen, Pilzsporen oder Grünalgen und scheiden mit ihrem Kot anorganisches Material für andere Nährstoffverbraucher aus. Bei ihrer Wühlarbeit lockern und durchlüften sie die oberen Erdschichten und fördern die Vermehrung von Bodenbakterien. Bodenbakterien wiederum bauen organische Stoffe ab, wobei Mineralstoffe freigesetzt werden, die für das Gedeihen der Pflanzen wichtig sind. Unter den etwa dreißig Arten, die bei uns vorkommen, ist der Gewöhnliche Regenwurm Lumbricius terrestris *am häufigsten vertreten.*

Tipps für den richtigen Umgang mit Tieren im Garten

Igel nicht einkellern

Wenn in der tristen Herbstzeit die Zeitungsredakteure nichts Rechtes zu berichten wissen, kommt eines unserer Lieblingstiere, der Igel, an die Reihe. Recht widersprüchliche Publikationen haben dazu geführt, dass mancher Igelfreund geradezu darauf wartet, mit dem Beginn der kühleren Jahreszeit auf einen mageren Jungigel zu treffen, um ihn als »Pflegekind« ins Haus zu nehmen.

Igel sind Wildtiere und Individualisten! Wenn der eine Igel im Oktober sein Winterquartier bezieht, denkt der andere vielleicht noch lange nicht daran. Wer im Spätherbst einen Igel mit einem Gewicht unter 500 Gramm in seinem Garten herumstreifen sieht, richtet ihm am besten eine Futterstelle ein (geeignetes Igelfutter gibt es im Zoofachhandel zu kaufen) und stellt ihm eine geeignete Unterkunft im Freien zur Verfügung.

Kranke oder erschöpfte Fledermäuse

Eine verletzte oder kranke Fledermaus, die am Boden aufgefunden wird, fasst man am besten mit Handschuhen an. Die Angst, sich mit einer Krankheit zu infizieren, ist zwar im Grunde genommen unbegründet, aber große Fledermausarten können ordentlich zubeißen, was natürlich auch eine Infektion zur Folge haben kann. In einer flachen Schale kann man dem kranken oder erschöpften Tier etwas Wasser und gegebenenfalls auf einem Teelöffel kleine Insekten anbieten. Aber nur wenn man über die nötige Sachkenntnis verfügt, sollte man eine kranke Fledermaus längere Zeit in eigene Obhut nehmen. Verletzte Tiere bringt man am besten auf einer Tuchunterlage in einem geräumigen Karton unter und verständigt sich mit einem Tierarzt. Auch bei den Naturschutzverbänden beraten Sie Experten, wenn Sie eine hilflose Fledermaus gefunden haben.

Siebenschläfer in Nistkästen schlafen lassen

Siebenschläfer, das verrät schon der Name, verschlafen als zusammengerollte Pelzkugeln sieben Monate des Jahres. Mitunter suchen sie sich für ihre Winterruhe auch die Nistkästen von Vögeln aus. Während der Winterruhe darf man die Langschläfer nicht stören.

Vogelfütterung im Winter

Selbst wenn niemand im Winter die Vögel fütterte, würde es vermutlich noch immer genügend Amseln, Rotkehlchen, Grünfinken, Buchfinken, Kernbeißer oder Meisen geben. Denn diese und andere Vogelarten, die nicht gerade als selten gelten, finden sich vor allem an unseren Futterplätzen ein. Futtermangel und Kälte sind zwar die Hauptgründe für den Tod vieler Vögel, die in unseren Breiten überwintern (in strengen Wintern stirbt fast die Hälfte aller Rotkehlchen), aber diese uns grausam erscheinende Tatsache ist eben ein Teil des ewigen Naturkreislaufes. Um bei den Rotkehlchen zu bleiben: Sie sind Teilzieher – ein Teil von ihnen überwintert, der andere entschließt sich zur Reise in den Süden. Durch die Winterfütterung verschafft man den hier verbleibenden Vögeln »unnatürliche« Vorteile gegenüber den Rückkehrern. Zugvögel haben es nämlich ohnehin schwer, sich gegenüber ihren hier gebliebenen Artgenossen im Frühjahr zu behaupten. Vögel, die den Winter über hier geblieben sind, haben die besten Nistplätze bereits belegt. Sie sind durch unsere Fütterung gut genährt und die Rückkehrer können sich dagegen kaum behaupten.

Andererseits darf man die Winterfütterung nicht grundsätzlich verdammen. Für Kinder, alte oder kranke Menschen bedeutet sie eine besondere Freude. Man sollte die Vögel nur nicht zur Bequemlichkeit erziehen. Es wird einfach viel zu viel gefüttert, so dass viele Vögel schon nach den ersten leichten Nachtfrösten aufhören, selbständig nach Nahrung zu suchen. Also mit dem Füttern warten, bis sich Dauerfrost und Schnee einstellen.

Was tun mit verwaisten Jungvögeln?

Jungvögel, die scheinbar verlassen in einer Gartenecke hocken, erregen schnell unser Mitleid. Man hat das Gefühl, ihnen helfen zu müssen. Aber Vorsicht! Nur selten ist der bedauernswerte Jungvogel wirklich verwaist, oft steht er mit seinen Eltern, die sich irgendwo in der Umgebung aufhalten, in Rufkontakt. Wenn eine Katze in der Nähe ist oder sich der Jungvogel in gefährlicher Umgebung befindet (etwa am Rand eines Gartenteiches), sollte man allerdings beherzt und ebenso vorsichtig zugreifen, um ihn an eine sichere Stelle zu bringen. Dass man Jungvögel nicht anfassen darf, weil sie sonst von ihren Eltern nicht mehr angenommen werden, ist übrigens ein weit verbreiteter Irrglaube.

Was tun gegen Lästlinge?

Ameisen *Formicidae*

Ameisen treten in Massen auf und sie vermehren sich rasant. Deshalb kann ihre Vertreibung eine Angelegenheit werden, die Geduld erfordert. Wer verhindern will, dass Ameisen ihre Schützlinge, die Blattläuse, auf Obstbäume tragen, kann sich mit Leimringen helfen, die man um den Baumstamm legt. Ameisen im Haus sind etwas heikler. Zunächst gilt es, ihre Einschlupflöcher zu finden und ihnen den Eingang zu versperren. Zur biologischen Abwehr der emsigen Insekten eignet sich eine Brennnesselbrühe aus 1 kg Brennnesselstauden und 10 l Wasser sowie eine Rainfarnbrühe aus 3 kg Rainfarn und 10 l Wasser.

Asseln *Isopoda*

Asseln sind überall dort zu finden, wo es feucht und moderig ist. Fast unter jeder Wegplatte im Garten hausen sie in Scharen, und obwohl sie vielen Menschen nicht gerade sympathisch sind, darf man sie uneingeschränkt als harmlos und nützlich bezeichnen. Sie ernähren sich hauptsächlich von abgestorbenen Pflanzenresten und tragen als Humusbildner zur Verbesserung unserer Gartenböden bei. Hin und wieder kann es vorkommen, dass sich Asseln auch als ungebetene Gäste im Haus einnisten. Dann eignet sich ein Blumentopf, in den man ein paar ältere, feuchte Kartoffelschalen legt, als Lebendfalle. Die gefangenen Tiere kann man dann problemlos im Garten aussetzen.

Hausbock *Hylotrupes bajulus*

Ganze Dachkonstruktionen aus Balken von Nadelbäumen sind früher dem bis zu zwei Zentimeter großen Hausbock zum Opfer gefallen. Seine gefräßigen Larven arbeiten sich in der Längsrichtung durchs Holz, ohne dabei an die Oberfläche zu kommen, so dass man den Befall nur schwer erkennen kann. Um den Hausbock oder seine Larven auszurotten, können Hausbesitzer heute auf den Einsatz von chemischen Holzschutzmitteln verzichten. Mit der so genannten Heißluftmethode lösen Spezialfirmen das Problem auf ungiftige Weise.

Heimchen *Acheta domesticus*

Das auch als Hausgrille bezeichnete Tierchen haust in Spalten und Ritzen als Dauergast in Bäckereien, warmen Kellern und Wohnräumen, wo es sich als Allesfresser von Brotresten, Früchten oder auch toten Insekten ernährt. Die Männchen lassen vom Abend bis in die späte Nacht hinein ein eintöniges, schlafraubendes Zirpen ertönen, Grund genug, um den unermüdlichen Solisten einzufangen und ihn weit entfernt von der Haustür im Freien auszusetzen.

Kleidermotte *Tineola bisselliella*

In der freien Natur leben die Raupen von Kleidermotten in Vogelnestern oder in den Behausungen von Säugetieren. Wenn sich Kleidermotten in Textilien oder Pelzen einnisten, handelt es sich meist um kaum getragene Kleidungsstücke, die über Jahre unverpackt in Schränken oder Kommoden aufbewahrt werden. Verschlossene Beutel, die kühl gelagert werden, bieten solchen Textilien einen geeigneten Schutz gegen den unscheinbaren Falter und seine Raupen. Zur Vorbeugung gegen Mottenbefall bieten sich heute eine Reihe biologischer Mittel an, die meist nach Lavendel oder Kampfer duften und die gleiche Wirkung wie die früher üblichen chemischen Präparate haben.

Mehlkäfer *Tenebrio molitor*

Besitzer von speziellen Terrarientieren können die Larven von Mehlkäfern (Mehlwürmer) als Lebendfutter für ihre Pfleglinge im Zoohandel kaufen.

In der Küche sind die etwa zwei Zentimeter großen schwarzen Käfer wie auch ihre gelb-braunen Larven jedoch alles andere als erwünscht. Wenn sie sich in Mehl oder Getreideprodukten erst einmal eingeschlichen haben, ist es am besten, die befallenen Lebensmittel zu vernichten und den gesamten Vorratsschrank gründlich zu kontrollieren und zu säubern. Zudem empfiehlt es sich, das Mehl in Gläsern mit dichtem Verschluss unterzubringen.

Messingkäfer *Niptus hololeucus*

Durch seine gold-gelbe Behaarung lässt sich der Messingkäfer leicht von anderen Arten unterscheiden. Er nistet sich in Naturstoffen wie Wolle, Leder oder Federn ein, befällt aber auch Trockenfutter für Hunde oder stärkehaltige Lebensmittel. In einem solchen Fall müssen die Vorräte vollständig vernichtet werden.

Stechmücke *Aedes sp.* oder Nördliche Hausmücke *Culex pipiens*

In wassergefüllten Regentonnen und Eimern, die lange Zeit ungeleert bleiben, aber auch in Gartenteichen, in denen das natürliche Gleichgewicht gestört ist, können sich Stechmücken ungehemmt vermehren. Um den Plagegeistern den Eintritt ins Haus zu verwehren, hilft Fliegengaze. Zum Schutz gegen Mückenstiche werden heute eine Reihe von Körpersprays angeboten. Doch es ist nicht jedermanns Sache, sich chemische Mittel auf die Haut zu sprühen. Als natürliche Abwehrmittel helfen Essig sowie Zitronen- oder Lavendel-Essenzen.

Taufliege *Drosophila melanogaster*

Die nur etwa drei Millimeter große Fliege taucht im Sommer und Herbst überall auf, wo gärendes Obst zu finden ist. Um die lästigen Saftsauger aus Vorratskammern fernzuhalten, empfiehlt sich die altbewährte Fliegengaze. Außerdem sollen bestimmte Gerüche das winzige Insekt vertreiben, beispielsweise von schalem Bier oder Lorbeeröl.

Schnecken *Gastropoda*

Die nächtlichen Raubzüge von Schnecken haben schon manchen Gärtner zur Verzweiflung gebracht. Wer in seinem Zorn zu radikalen Mitteln wie »Schneckenkorn« greift, muss freilich bedenken, dass er damit auch die Feinde der gefräßigen Weichtiere vernichtet. Das Absammeln von Schnecken und das Errichten von Schneckenzäunen ist immer noch das humanste und letztlich wohl auch wirksamste Mittel im Kampf gegen die ungeliebten Kriecher. Wo die Rote Wegschnecke *Arion rufus* allzu häufig in Erscheinung tritt, sollte man günstige Lebensbedingungen für ihre Feinde schaffen. Steinmauern und Reisighaufen gewähren Igeln, Spitzmäusen und Erdkröten Unterschlupf. Selbst die Weinbergschnecke *Helix pomatia* ist besser als ihr Ruf, da sie die Eier von *Arion rufus* frisst.

Schneckenzäune sind eine wirksame Maßnahme, um Schnecken von Beeten fernzuhalten.

»Jeder dumme Junge kann einen Käfer zertreten,
aber alle Professoren der Welt
können keinen herstellen.«

Arthur Schopenhauer

Der Autor

Wolf Richard Günzel ist Autor und Naturfotograf. Seit 1982 veröffentlicht er Reiseberichte und Artikel aus dem Ökologiebereich mit eigenen Naturfotografien in »Rheinischer Merkur«, »FAZ«, »Der Spiegel«, »Kosmos«, »Das Tier«, »Wild und Hund«, »Mein schöner Garten«, »Aqua-Geo« oder »Gartenteich-Magazin«.

Aus seiner Feder stammen bereits mehrere Bücher, neben belletristischen Werken auch Sachbücher aus dem Umwelt- und Naturbereich.

Gemeinsam mit seiner Frau zog Wolf Richard Günzel im Jahre 2003 vom Rheinland in die Oberlausitz.

Im pala-verlag sind von ihm außer diesem Buch die Titel »Das Insektenhotel« (2007), »Der igelfreundliche Garten« (2008), »Das Wildbienenhotel (2008)«, »Lebensraum Gartenteich« (2009), »Der hummelfreundliche Garten« (2010) erschienen.

Literatur

Bellmann, Heiko: **Der neue Kosmos-Insektenführer. Extra: Die wichtigsten Spinnentiere;** Kosmos Verlag

Bellmann, Heiko: **Der neue Kosmos-Schmetterlingsführer. Schmetterlinge, Raupen und Futterpflanzen;** Kosmos Verlag

Bellmann, Heiko: **Insekten. Erkennen & bestimmen;** Verlag Eugen Ulmer

Bezzel, Einhard: **Vögel beobachten. Praxistipps – Vogelschutz – Nisthilfen;** BLV Buchverlag

Brehm, Alfred E.: **Brehms Tierleben. Säugetiere;** AREA-Verlag

Brehm, Alfred E.: **Brehms Tierleben. Vögel;** AREA-Verlag

Buttschardt, Tillmann K.: **Extensive Dachbegrünungen und Naturschutz;** Verlag Universität Karlsruhe

Chinery, Michael: **Pareys Buch der Insekten. Über 2300 Insekten Europas;** Kosmos Verlag

David, Werner: **Lebensraum Totholz. Gestaltung und Naturschutz im Garten;** pala-verlag

David, Werner: **Von Fallenstellern und Liebesschwindlern. Begegnungen im Naturgarten;** pala-verlag

Erckenbrecht, Irmela: **Die Kräuterspirale. Bauanleitung • Kräuterportraits • Rezepte;** pala-verlag

Erckenbrecht, Irmela / Lutter, Rainer: **Sichtschutz im lebendigen Garten. Kreative Lösungen für Gartengrenzen, Sitzplätze und Terrassen;** pala-verlag

Föhr, Gerhard: **Nistkästen und Vogelschutz. Praktischer Vogelschutz;** Verlag Westarp

Fortmann, Manfred: **Das große Kosmosbuch der Nützlinge;** Kosmos Verlag

Fossel, Curt: **Naturschutz-Handbuch. Bäume und Sträucher unserer Heimat;** Verlag Ludwig Stocker

Gerstmeier, Roland: **Welcher Schmetterling ist das? Falter, die am Tage fliegen;** Kosmos Verlag

Godet, Jean D.: **Einheimische Bäume und Sträucher;** Verlag Thalacker Medien

Godet, Jean D.: **Wiesenpflanzen. Blumen der Fett- und Trockenwiesen, Äcker und Weinberge;** Verlag Thalacker Medien

Günzel, Wolf Richard: **Das Insektenhotel. Naturschutz erleben. Bauanleitungen • Tierporträts • Gartentipps;** pala-verlag

Günzel, Wolf Richard: **Lebensraum Gartenteich. Gartengewässer naturnah gestalten;** pala-verlag

Günzel, Wolf Richard: **Teiche und Moore – Feuchtoasen im Garten;** Karl-Heinz Dähne Verlag

Hassan, Sherif A. / Albert, Reinhard / Rost, W. Martin: **Pflanzenschutz mit Nützlingen. Im Freiland und unter Glas;** Verlag Eugen Ulmer

Horn, Hans / Kögel, Friedrich: **Käfer. Unsere häufigsten und schönsten Arten entdecken, bestimmen, beobachten;** BLV Buchverlag

Jacobi, Karlheinz: **Balkon und Terrasse;** BLV Buchverlag

Jurzitza, Gerhard: **Der Kosmos Libellenführer. Die Arten Mittel- und Südeuropas;** Kosmos Verlag

Klapp, Ernst / Opitz von Boberfeld, Wilhelm: **Gräserbestimmungsschlüssel für die häufigsten Grünland- und Rasengräser;** Verlag Eugen Ulmer

Kleber, Eduard W. / Kleber, Gerda: **Gärtnern im Biotop mit Mensch. Das praktische Biogarten-Handbuch für zukunftsfähiges Leben;** OLV Organischer Landbau-Verlag

Kleeberg, Jürgen: **Häuser begrünen;** Verlag Eugen Ulmer

Kreuter, Marie-Luise: **Der Biogarten;** BLV Buchverlag

Meys, Sofie: **Lebensraum Trockenmauer. Bauanleitung • Gestaltung • Naturschutz;** pala-verlag

Oberholzer, Alex / Lässer, Lore: **Ein Garten für Tiere. Erlebnisraum Naturgarten;** Verlag Eugen Ulmer

Polesny / Höbaus, Erhard / Blümel: **Schädlinge und Nützlinge;** Verlag Ludwig Stocker

Schmid, Ulrich / Reinhard, Hans / Reinhard, Nils: **Treffpunkt Tiere im Garten: Beobachten, bestimmen, anlocken;** Kosmos Verlag

Sielmann, Heinz / Steghaus-Kovac, Sabine: **Spinnen;** Tessloff-Verlag

Witt, Reinhard: **Wildpflanzen für jeden Garten. 1000 heimische Blumen, Stauden und Sträucher;** BLV Buchverlag

Adressen

Umwelt- und Naturschutzverbände

Bund für Umwelt und Naturschutz Deutschland (BUND) e. V.
Am Köllnischen Park 1
10179 Berlin
Tel: 030 / 27586-40
bund@bund.net; www.bund.net

Deutscher Naturschutzring (DNR) e. V.
Dachverband der deutschen Natur- und Umweltschutzverbände
Koblenzer Straße 65
53173 Bonn
Tel: 0228 / 359005
info@dnr.de; www.dnr.de

Naturschutzbund Deutschland (NABU) e. V.
Charitéstraße 3
10117 Berlin
Tel: 030 / 2849840
nabu@nabu.de; www.nabu.de

WWF Deutschland
Reinhardtstraße 14
10117 Berlin
Tel: 069 / 791440
info@wwf.de; www.wwf.de

Naturgarten e. V.
Verein für naturnahe Garten- und Landschaftsgestaltung
Kernerstraße 64
74076 Heilbronn
Tel: 07131 / 6499996
geschaeftsstelle@naturgarten.org; www.naturgarten.org

Naturschutzbund Österreich
Museumsplatz 2
5020 Salzburg
Tel: 0662 / 642909
bundesverband@naturschutzbund.at; www.naturschutzbund.at

Verein Naturnetz Schweiz
Chlosterstraße
8109 Kloster Fahr
Tel: 044 / 5331144
info@verein-naturnetz.ch; www.naturnetz.ch
(Gemeinschaftsprojekt verschiedener schweizerischer Naturschutzinitiativen)

Interessante Internetadressen

www.wildvogelhilfe.org
Umfangreiche private Seite von Gaby Schulemann-Maier zu Wildvögeln, Schutzmaßnahmen und Nisthilfen

www.tierundnatur.de
Umfangreiche private Seite von Hans-Jürgen Martin zu verschiedenen Wildtieren, Schutzmaßnahmen und Nisthilfen

www.nabu-oldenburg.de/infos/index.php
Naturschutzbund Deutschland

www.lebensraumhaus.nabu-berlin.de
Naturschutzbund Deutschland

www.bauen-tiere.ch
Schweizer Seite über Wildtiere im Siedlungsraum mit Umsetzungshilfen für Baufachleute und Bauherren

www.fledermausschutz.de
Naturschutzbund Deutschland

www.fledermausschutz.ch
Stiftung für Fledermausschutz in der Schweiz

Bezugsquellen

Versandgärtnereien und Saatgut

Syringa
Duftpflanzen und Kräuter
Bachstraße 7
78247 Hilzingen-Binningen
Tel: 07739 / 1452
info@syringa-pflanzen.de; www.syringa-pflanzen.de

Rieger & Hofmann GmbH
In den Wildblumen 7
74572 Blaufelden-Raboldshausen
Tel: 07952 / 5682
info@rieger-hofmann.de; www.rieger-hofmann.de

Hof Berg-Garten GbR
Großherrischwand
Lindenweg 17
79737 Herrischried
Tel: 07764 / 239
info@hof-berggarten.de; www.hof-berggarten.de

Kräuterei
Alexanderstraße 29
26121 Oldenburg
Tel: 0441 / 882368
kraeuterei@t-online.de; www.kraeuterei.de

Rühlemanns Kräuter & Duftpflanzen
Kräuter & Duftpflanzen
Auf dem Berg 2
27367 Horstedt
Tel: 04288 / 928558
info@ruehlemanns.de; www.ruehlemanns.de

herb's
Bioland Gärtnerei & Pflanzenversand
Stedinger Weg 16
27801 Dötlingen OT Nuttel
Tel: 04432 / 94003
info@herb-s.de; www.herb-s.de

Natur pur
Bioland Gärtnerei Strickler
Lochgasse 1
55232 Alzey-Heimersheim
Tel: 06731 / 3831
strickler@t-online.de; www.gaertnerei-strickler.de

Blauetikett-Bornträger GmbH
In den Aspen
67591 Offstein
Tel: 06243 / 905326
info@blauetikett.de; www.blauetikett.de

Die Blumenschule
Augsburger Straße 62
86956 Schongau
Tel: 08861 / 7373
info@blumenschule.de; www.blumenschule.de

Christian Herb
Heiligkreuzerstraße 70
87439 Kempten
Tel: 0831 / 93331
info@bio-kraeuter.de; www.bio-kraeuter.de

Staudengärtnerei Gaissmayer
Jungviehweide 3
89257 Illertissen
Tel: 07303 / 7258
info@staudengaissmayer.de; www.gaissmayer.de

Bioland Kräuter Gut
Moosfeldweg 8
90427 Nürnberg
Tel: 0911 / 9364761
info@topfkraeuter.de; www.topfkraeuter.de

Gartenbau Wagner
Gutendorf 36
8353 Kapfenstein
Österreich
Tel: 03157 / 2395
mail@gartenbauwagner.at; www.gartenbauwagner.at

Sativa Rheinau AG
Klosterplatz
8462 Rheinau
Schweiz
Tel: 052 / 3049160
sativa@sativa-rheinau.ch; www.sativa-rheinau.ch

Neubauer GmbH
Biogärtnerei & Naturgärten
Lenzenhausstraße 9
8586 Erlen
Schweiz
Tel: 071 / 6481332
info@neubauer.ch; www.neubauer.ch

Bioland Hof Jeebel
Biogartenversand GbR
Jeebel 17
29416 Salzwedel OT Jeebel
Tel: 039037 / 781
info@biogartenversand.de; www.biogartenversand.de

Dreschflegel GbR
In der Aue 31
37213 Witzenhausen
Tel: 05542 / 502744
info@dreschflegel-saatgut.de; www.dreschflegel-saatgut.de

Bio-Saatgut
Gaby Krautkrämer
Eulengasse 2
55288 Armsheim
Tel: 06734 / 915580
mehrInformation@bio-saatgut.de; www.bio-saatgut.de

Bingenheimer Saatgut AG
Kronstraße 24 – 26
61209 Echzell-Bingenheim
Tel: 06035 / 18990
info@bingenheimersaatgut.de; www.bingenheimersaatgut.de

Keller GmbH & Co. KG
Konradstraße 17
79100 Freiburg
Tel: 0761 / 706313
info@biokeller.de; www.biokeller.de

grüner Tiger
Fallerstraße 18
82433 Bad Kohlgrub
Tel: 08845 / 7579988
info@gruenertiger.de; www.gruenertiger.de

Reinsaat KG
3572 St. Leonhard am Hornerwald 69
Österreich
Tel: 02987 / 2347
reinsaat@reinsaat.at; www.reinsaat.at

C. & R. Zollinger
Biologische Samengärtnerei
1897 Les Evouettes
Schweiz
Tel: 024 / 4814035
info@zollinger-samen.ch; www.zollinger-samen.ch

biosem
Le Burkli 83
2019 Chambrelien NE
Schweiz
Tel: 032 / 8551486
web@biosem.ch; www.biosem.ch

Nisthilfen und Vogelschutz

Schwegler Vogel- und Naturschutzprodukte GmbH
Heinkelstraße 35
73614 Schorndorf
Tel: 07181 / 977450
info@schwegler-natur.de; www.schwegler-natur.de

Naturschutzbedarf Strobel
Fachhandel und -beratung Fam. Pröhl
Nitzschkaer Straße 29
04626 Schmölln OT Kummer
Tel: 034491 / 81877
info@naturschutzbedarf-strobel.de; www.naturschutzbedarf-strobel.de

Dipl.-Ing. Klaus Hasselfeldt
Artenschutz
Hauptstraße 86a
24869 Dörpstedt / Bürge
Tel: 04627 / 184961
info@hasselfeldt-naturschutz.de;
www.hasselfeldt-naturschutz.de

Volker Fockenberg
Heimersfeld 77
46244 Kirchhellen
Tel: 02045 / 84422
kontakt@wildbiene.com; www.wildbiene.com

Johann-Christoph Kornmilch
Drosselweg 9
18057 Rostock
Tel: 03834 / 813095
mail@bienenhotel.de; www.bienenhotel.de

Baumaterial und Nützliches für den Garten

Pronagard
Moosbachstraße 19
74626 Bretzfeld-Schwabbach
Tel: 07946 / 942777
info@pronagard.de; www.pronagard.de
(Teich- und Dachfolien)

Schwarz Landschaftsbau GmbH
Justus-Liebig-Straße 1
55129 Mainz
Tel: 06131 / 95994-0
info@schwarzlb.de; www.schwarz-landschaftsbau.de
(Garten- und Landschaftsbaubetrieb mit Schwerpunkt Dachbegrünung)

Menting Lehmbau und Rohstoffe GmbH & Co. KG
Westricher Straße 62A
46514 Schermbeck
Tel: 02865 / 7032
info@menting.de; www.menting.de
(Naturteiche aus Ton)

naturagart
Natur und Garten Handelsgesellschaft für Freilandbedarf mbH
Riesenbecker Straße 63
49479 Ibbenbüren-Dörenthe
Tel: 05451 / 59340
info@naturagart.de; www.naturagart.com
(Selbstbausysteme für große Teiche, Wasserpflanzen)

re-natur GmbH
Charles-Roß-Weg 24
24601 Ruhwinkel
Tel: 04323 / 9010-0
info@re-natur.de; www.re-natur.de
(Dachbegrünung, Sumpfbeetklärstufen, Teiche, Wasserpflanzen, biologischer Pflanzenschutz)

Manufactum
Hiberniastraße 5
45731 Waltrup
www.manufactum.de

Im Buch vorgestellte Tiere

pala verlag

Print CO_2 geprüft

Seit mehr als 15 Jahren drucken wir unsere Bücher weitestgehend auf Recyclingpapier und versuchen damit, eine ressourcenschonende und umweltfreundliche Buchproduktion zu ermöglichen.

In den letzten Jahren ist der Klimawandel mit seinen weitreichenden Folgen für uns und vor allem unsere nachfolgenden Generationen immer mehr zum Thema geworden. Die Auswirkungen sind bereits jetzt spürbar – Wetterextreme, sich verschiebende Jahreszeiten, Erderwärmung. Auch wenn diese Entwicklungen nicht mehr völlig aufzuhalten sind, müssen wir – auch als Verlag – aktiv werden.

Die *freiburger graphischen betriebe*, die Druckerei, in der seit Jahren unsere Bücher produziert werden, beteiligen sich an der Klimainitiative der Druck- und Medienverbände Deutschland und bieten die Möglichkeit, Buchproduktionen klimaneutral herstellen zu lassen. »Klimaneutral« bedeutet den Ausgleich von Treibhausgasen bzw. die Neutralisation durch die Einsparung einer bestimmten CO_2-Menge an anderer Stelle. Da die Wirkungen des Treibhauseffektes global schädigen, ist es irrelevant, an welchem Ort der Welt Emissionen entstehen und wo sie dann letztendlich eingespart werden. Der gesamte Prozess des Ausgleiches von Treibhausgasen basiert auf dem Kyoto-Protokoll von 1997.

Wir haben nun die Möglichkeit, für jedes Druckprodukt den genauen Wert des CO_2-Ausstoßes, der auf den Produktionsprozess in der Druckerei und deren Materialeinsatz zurückzuführen ist, zu ermitteln. Mit Hilfe eines vom Bundesverband der deutschen Druckindustrie entwickelten Rechners, mit dem viele Faktoren erfasst werden – Energieverbrauch, Farbe, Papier, Transportwege oder Einsatz von Personal – wird am Ende der Buchproduktion ein Wert ermittelt, der die relevante Wertschöpfungskette für die technische Herstellung des Buchs umfasst und den durch die Produktion verursachten CO_2-Ausstoß nachweist.

Für diesen Wert bezahlen wir als Verlag einen Ausgleich, der dann in anerkannte und zertifizierte Klimaschutzprojekte fließt. Die Zertifizierung erfolgt durch die Organisation *firstclimate* (www.firstclimate.com) und wird durch das Logo »Print CO_2« angezeigt.

Die aus dem Druck dieses Buchs resultierende Klimaabgabe fließt in ein Windparkprojekt in der Marmara-Region in der Türkei.

Das Projektgebiet liegt in der Marmara-Region an einem Höhenrücken etwa 350 m über Meereshöhe, nahe der Dörfer Elbasan und Çatalca unweit Istanbuls. Im Rahmen des Projekts werden 20 Windenergieanlagen mit einer Nennleistung von je 3 MW errichtet.

Lebensräume schaffen

Wolf Richard Günzel:
Das Insektenhotel
ISBN: 978-3-89566-234-8

Wolf Richard Günzel:
Der igelfreundliche Garten
ISBN: 978-3-89566-250-8

Wolf Richard Günzel:
Lebensraum Gartenteich
ISBN: 978-3-89566-262-1

Wolf Richard Günzel:
Der hummelfreundliche Garten
ISBN: 978-3-89566-276-8

ISBN: 978-3-89566-225-6

2. aktualisierte Auflage 2010
Rheinstr. 35, 64283 Darmstadt
www.pala-verlag.de

Illustrationen und Umschlaggestaltung: Margret Schneevoigt

Lektorat: Angelika Eckstein

Druck: fgb • freiburger graphische betriebe
www.fgb.de
Printed in Germany

Dieses Buch ist auf Papier aus 100 % Recyclingmaterial gedruckt und klimaneutral produziert.

Print CO2 geprüft